Tannheimer Tal

Herbert Mayr

Karten-
Legende
auf den
Umschlag-
klappen

KOMPASS

Wanderführer

Impressum

1. Auflage 2011 Verlagsnummer 5607 ISBN 978-3-85026-383-2

Text und Fotos: Herbert Mayr
Titelbild: TVB Tannheimer Tal; Bild S. 4/5: Rohnenspitze, Ponten und Bschießer über dem westlichen Tannheimer Tal; Bild S. 6/7: Auf der Schattwalder Sonnenseite; S. 8/9: Charakteristisch für die Region: Leuchtender Wettersteinkalk (Kellespitze-Südflanke).
Grafische Herstellung: wt-BuchTeam, Garching a.d.Alz
Wanderkartenausschnitte: © KOMPASS Karten GmbH

Walter Theil, Irmengardstr. 9, D-84518 Garching a.d.Alz
Tel.: 0049/(0)8634/689803, Fax: 0049/(0)8634/689804
info@wt-buchteam.de, www.wt-buchteam.de

KOMPASS-Karten GmbH, Kaplanstraße 2, A-6063 Rum/Innsbruck
Tel.: 0043/(0)512/2655610, Fax: 0043/(0)512/2655618
kompass@kompass.at, www.kompass.at

Herbert Mayr

Was macht das Tannheimer Tal für Sie so besonders? Liebe auf den ersten Blick. Herzhaft befreiend durchgeatmet und spontan kommentiert: so stelle ich mir ein Gebirgstal vor! Keine langen Anmarschwege, bei den meisten Bergzielen geht es gleich zur Sache. Zackig auf der Nordseite, eine außergewöhnliche Romantik auf der Südseite.

Groß die Auswahl an Halbtageszielen. Genusskletterеien in der Wohlfühl-Kategorie, die nicht nur einmal zur Wiederholung reizen. Und trotz der allgemeinen Beliebtheit der Urlaubs- und Ausflugsregion verschwiegene Hochkare, luftig-stille Grate und Gipfelüberschreitungen allein mit Gams und Murmeltier. Doch nicht genug der Lobeshymnen: das Tannheimer Tal ist auch noch ein Mountainbike-, Schneeschuh- und Skitourendorado erster Güte: „oifach obandig!“

Vorwort

Die treffend „schönstes Hochtal Europas“ genannte Vorzeige-Wanderregion Tannheimer Tal in einer Lage von rund 1100 Meter Meereshöhe – angenehmerweise ohne jegliche Industrie – überzeugt auf Anhieb. Hier liegt alles überschaubar beisammen: zum Wohlfühlen.

Nicht weit vom Nordrand der Allgäuer Alpen entfernt begeistert das grüne Westtiroler Gebirgstal, das „Heim im Tann“, dem einst noch dichteren Tannenwald, zwischen dem Allgäu und dem Lechtal mit den unterschiedlichsten Naturschönheiten. Der betörend hübsche Haldensee vor der unverwechselbaren Felskulisse der höchsten Tannheimer Berge. Die alpinen Spiegelgesichter im kesselartig von Bergriesen umkränzten Vilsalpsee. Intakte Alpwirtschaft. Artenreiches Tier- und Pflanzenleben. Eine wahre Augenweide, gleich wo man auch hinschaut!

Dazu Panorama-Wanderwege für jeden Geschmack, freundliche Einkehrmöglichkeiten und Bergbahnen, die manches Gipfelziel näher rücken lassen. Fast alle Vorschläge, von beschaulich familiär bis spannend felsig, sind mit öffentlichen Verkehrsmitteln erreichbar.

Herbert Mayr

Wandern zwischen Blumenwiesen und Felsbergen

Inhalt

Lärge (in Kilometern)	Höhenmeter Aufstieg	Höhenmeter Abstieg	Parkplatz	öffentliche Verkehrsmittel	Aufstiegshilfe	Abstiegshilfe	Einkehr	Übernachtungsmöglichkeit	Gipfel	Schwindelfreiheit nötig	Kinderwagentauglich	Kinderfreundlich	Fahrradtauglich	kulturelle Highlights	für Allergiker geeignet	Bademöglichkeit	mit Panoramablick	Rundtour
10	323	323	●	●	–	–	●	–	–	–	–	○	–	–	–	–	–	●
8	158	158	●	●	–	–	●	–	–	–	–	○	–	–	–	●	–	●
9,5	771	771	●	●	–	●	●	–	●	–	–	●	–	–	○	–	●	●
14,5	426	426	●	●	–	–	●	–	–	–	○	–	●	–	–	–	●	●
9	879	879	●	●	–	–	●	–	●	–	–	–	–	–	○	–	●	○
6,75	82	82	●	●	–	–	●	–	–	–	–	●	–	–	–	●	●	●
12,5	1073	1073	●	●	–	–	●	–	●	●	–	–	–	–	○	●	●	●
10,5	901	901	●	●	–	–	●	●	●	–	–	●	–	–	○	●	●	–
12	84	764	●	●	●	–	●	–	○	–	–	–	–	●	–	●	●	○
7,5	851	851	●	●	–	–	–	–	●	–	–	–	–	–	–	–	●	–
10,25	903	903	●	●	–	–	●	–	●	●	–	–	–	–	○	–	●	○
5	333	333	●	●	●	●	●	●	–	–	–	●	–	–	●	–	●	●
11,75	240	240	●	●	–	–	●	–	–	–	○	–	○	–	–	●	●	●
10,5	870	870	●	●	–	–	●	–	●	–	–	●	–	–	○	–	●	–
9	984	984	●	●	–	–	●	–	●	●	–	–	–	–	○	–	●	○
10	972	972	●	●	–	–	●	●	●	–	–	–	–	–	○	–	●	–
19	932	932	●	●	●	●	●	–	●	–	–	–	○	–	○	–	●	○
6,5	504	504	●	●	–	–	●	–	–	–	–	○	–	–	○	–	●	–
12,5	1027	1027	●	●	–	–	●	–	●	●	–	–	–	–	○	–	●	–
10	1056	1056	○	–	–	–	–	–	●	–	–	○	–	–	–	–	●	–

● Schwierigkeitsgrad ● Ja ○ Bedingt – Nein

Das Gebiet

Die Wanderregion Tannheimer Tal gehört zum Tiroler Bezirk Außerfern. Das Oberjoch grenzt dieses schmucke Hochtal gegen das Ostrachtal im Oberallgäu ab. Das Engetal und das verkehrsfreie Vilstal bilden die beiden Verbindungen mit Pfronten im Ostallgäu und über den Gaichtpass öffnet sich die liebenswerte Kleinregion zum Lechtal hin. Das Haupttal durchziehen, abgesehen von der Vils, nur kleinere Wasserläufe. Die Nebentäler fallen meist kurz aus.

Die späte Besiedelung des Tannheimer Tals vollzog sich einst aus zwei unterschiedlichen Richtungen. Zum einen kamen Siedler aus dem Allgäuer Raum und machten den westlichen Abschnitt bis Tannheim und Grän urbar. Der östliche Bereich um Nesselwängle fand indes Interesse bei Tiroler Neulandsuchern, die aus dem Lechtal einwanderten. Der Siedlungsraum beschränkt sich zur Freude der Sommerfrischler und Wanderer bis heute auf den Haupttalzug und hier zudem weitgehend auf den Talboden. Die Landwirtschaft prägt das Landschaftsbild. Der Tourismus beschert zusätzliche und unverzichtbare Einnahmen, ohne den von alters her vertrauten Charakter des Gebiets zu verfälschen.

Das Hütten- und Wegeangebot rund ums Tannheimer Tal ermöglicht eine großzügige Auswahl an faszinierenden Tourenmöglichkeiten für jegliche Ansprüche. Die meisten Wanderwege sind geradezu vorbildlich bezeichnet.

Erholsame Ausflüge bieten zum Beispiel die einzelnen Abschnitte des „Rundwanderwegs Tannheimer Tal". Drei prachtvolle Seen – Haldensee, Vilsalpsee (NSG) und der Traualpsee – gehören zu den Hauptausflugszielen. Weniger bekannt, aber durchaus anziehend sind die kleinen verträumten Bergaugen: der Moorweiher am Weg nach Unterjoch, Greiterweiher und Höfer See westlich von Tannheim, die Lache bei der Landsberger Hütte und der weltabgeschiedene Alplsee nahe der Roten Spitze. Wildbäche, Wasserfälle und sonnige Alpweiden bereichern das Wandervergnügen.

Doch die meiste Bewunderung gehört zweifelsfrei den auf der nördlichen Talseite aufstrebenden Tannheimer Bergen. Diese vom Alpenvorland aus so ausgeprägt erscheinende Untergruppe der Allgäuer Alpen genießt eine Sonderstellung. Sie zeigt auf den ersten Blick einen ganz anderen Charakter. Der vor-

KOMPASS INFO

Das österreichische Zollausschlussgebiet Jungholz ist durch die Nabelschnur des Sorgschrofengipfels mit dem Tannheimer Tal verbunden. Wer von Schattwald in die Tiroler Exklave wandern möchte, muss in jedem Fall einen kleinen Umweg über Bayern in Kauf nehmen.

Unverfälschter bäuerlicher Talcharakter vor stolzen Felszinnen.
Bild unten: Der Allgäuer Hauptkamm mit dem Rauhhorn begrenzt das Wandergebiet im Westen.

herrschende Wettersteinkalk, massiv und kantig, zaubert ein kleinwenig Dolomitenstimmung. Von den Hauptzacken sind allerdings nur der Aggenstein und die Rote Flüh verhältnismäßig leicht zugänglich. Der Schartschrofen mit dem Friedberger Klettersteig, der Gimpel sowie Kellespitze und Gehrenspitze bleiben dem geübten Felsgeher vorbehalten. Kletterer finden hier die höchsten Schwierigkeitsgrade, im Raintal, am einfachsten mit der „Gondelbahn Füssener Jöchl" erreichbar, gar bis zu 700 Meter hohe Felsburgen.

Auch manche der auf der Südseite des Tannheimer Tals versammelten, aus recht unterschiedlichen Gesteinen gebauten Erhebungen, die Vilsalpseeberge mit dem Saalfelder Höhenweg und die Berge des vom Oberjoch zum Hochvogel ziehenden Allgäuer Hauptkamms mit dem Jubiläumsweg, sind nicht so ganz einfach zu haben. Ein Beispiel dafür geben Lachenspitze und Lailachspitze sowie Rohnenspitze und Rauhhorn. Fels und Gras – stellvertretend hierfür sind Litnisschrofen und Sulzspitze – stehen sich in diesem besonders malerischen Bereich unmittelbar gegenüber.

Ausgangsorte

Grän
mit Haldensee, nahe dem Haldensee gelegene Gemeinde im mittleren Tannheimer Tal;
www.graen.tirol.gv.at

Nesselwängle
mit Haller, Gemeinde im östlichen Tannheimer Tal;
www.nesselwaengle.eu

Schattwald
Streusiedlung im westlichen Tannheimer Tal;
www.tirol.gv.at

Tannheim
Hauptort des Tannheimer Tales, am Eingang ins Vilsalptal;
www.tannheim.tirol.gv.at

Zöblen
kleine Gemeinde im westlichen Tannheimer Tal;
www.tirol.gv.at

KOMPASS INFO

Tourismusverband Tannheimer Tal
Oberhöfen 110, A-6675 Tannheim

Tel. 0043/(0)5675/62200
Fax: 0043/(0)5675/622060
www.tannheimertal.com

KOMPASS INFO

Deutscher Alpenverein
Tel. 0049/(0)89/294940

Alpenvereins-Wetterbericht Alpen
Tel. 0049/(0)89/295070

Internet-Adressen
www.all-in.de
www.alpenverein.de
www.bergwetter.de

Spannenender Aufstieg zur Gehrenspitze für erfahrene Felsgeher.

Bild rechts: Blick von der Lechaschauer Alpe zur Gehrenspitze.

Sehenswürdigkeiten und Ausflugsziele

„Rundwanderweg Tannheimer Tal"
Wer Lust verspürt, einmal das gesamte Tannheimer Tal zu durchwandern, der darf sich dem bestens beschilderten „Rundwanderweg Tannheimer Tal" anvertrauen. Auf gepflegten Bahnen von Schattwald bis nach Nesselwängle und wieder zurück. Mit durchschnittlich trainierten Waden benötigt man dazu rund zehn Stunden. Und wen unterwegs das gute Wetter oder gar die Kondition verlässt, der benützt einfach ab der nächsten Haltestelle im Tal den Wanderbus. Vorbei an Zöblen und dem Höfersee spaziert man stets in geruhsamer Manier auf der südlichen Talseite nach Tannheim und entlang des Haldensees nach Nesselwängle. Zurück geht es dann auf der Nordseite über Haller und Grän sowie oberhalb von Innergschwend und Berg nach Zöblen und Schattwald.

„Naturschutzgebiet Vilsalpsee"
Das 18 km² große, seit 1957 bestehende Natur- und Vogelschutzgebiet mit großem Wasserfall und Fichten-Block-Urwald umfasst weit mehr als das idyllische Berggewässer allein. Es reicht von der Staatsgrenze zwischen Gaishorn und Kälbelespitze im Westen bis zur Schochen- und Lachenspitze im Osten. Das Schutzgebiet weist einen seltenen Artenreichtum auf. Die Flora verzeichnet über 700 Pflanzen, von denen manche großen Seltenheitswert besitzen, um nur Edelweiß, Steinbrech, Alpenaster und einige Orchideenarten zu nennen. Vertreter der Tierwelt wie zum Beispiel der Alpensalamander („Tattermandl") und die Erdkröte oder Steinschmätzer, Fichtenkreuzschnabel und Turmfalke sind in anderen Gebieten vom Aussterben bedroht.

„Heimatmuseum Tannheimer Tal"
In einem alten Bauernhaus in Tannheim-Kienzen wurde im Sommer 1990 das „Heimatmuseum Tannheimer Tal" eröffnet. Aussagen von Museums-Experten zufolge ist es ein Musterbeispiel. Auf über 700 Quadratmetern findet der neugierige Besucher Allerhand aus alten Zeiten: Zimmer sowie Gerätschaften, Musikinstrumente und Fahrzeuge früherer Generationen. Eine reiche Fotoauswahl dokumentiert darüber hinaus anschaulich das Leben aus vergangenen Tagen.

Unsere schönsten Touren

Legende

- Kilometerangabe
- Höhenmeter (Auf- und Abstieg)
- Gehzeit
- Für Kinder geeignet
- Einkehrmöglichkeit
- Bergbahn/Gondel
- Sessellift
- Wichtige Information
- KOMPASS Highlight

Kartenlegende auf den Umschlagklappen

Wer Erholungswandern schätzt, ist mit einem Besuch des königlichen Vilsalpsees und Bärgacht-Wasserfalls (Tour 6) oder mit der großzügigen Umrundung des Haldensees, der grünen Perle des Tannheimer Tals (Tour 13), bestens beraten. Der spannungsgeladene Aufstieg über gleich drei Seen zur grünen Schochenspitze (Tour 8) verlangt bereits Trittsicherheit, und der Modegipfel Rote Flüh (Tour 16), eine echte Tannheimer Kalkburg, wartet mit einfachster Kletterei auf.

Technisch noch anspruchsvoller wird es auf der langen Erlebnisroute zur vielgestaltigen Gehrenspitze (Tour 19) mit Tiefblick in den Reuttener Talkessel sowie Fernblicken bis ins Karwendel und in die Stubaier Alpen. Und wer sich gar an senkrechte Felsabbrüche wagt, wird an der gewürzten Rauhhorn-Überschreitung (Tour 7) seine wahre Freude haben oder voller Erwartung den luftigen Friedberger Klettersteig auf den Schartschrofen (Tour 15) angehen.

Schwierigkeitsbewertung

Blau
Leichte Touren für Wanderer, die auch bei zweifelhaftem Wetter relativ gefahrlos begangen werden können. Forst- und Alpwege sowie einfache Pfade und Steige ohne ausgesetzte Passagen sind meist gut beschildert und markiert. Maximal mittelsteile Anstiege. Nicht allzu lange und abwechslungsreiche Touren sind auch für Kinder geeignet.

Rot
Mittelschwere Touren für trittsichere und geübte Bergwanderer, die sich bei entsprechender Vorsicht und Routenlänge auch für berggewohnte Kinder eignen. Längere steile Steige setzen eine gewisse Kondition und eine überlegte Ausrüstung voraus. Außerdem können kurze unmarkierte und Orientierungssinn erfordernde Abschnitte sowie ausgesetzte Stellen im Schrofengelände vorkommen.

Schwarz
Schwierige Touren mit leichter Kletterei für im Hochgebirge erfahrene, trittsichere und schwindelfreie Bergwanderer mit alpiner Ausrüstung. Längere steile oder sehr steile Steige in möglicherweise nur dürftig oder gar nicht markiertem Felsgelände mit ausgesetzten Passagen (auch im Sommer Firnfelder!) setzen Kondition und guten Orientierungssinn voraus.

1. Älpelealp, 1336 m

Am Sorgschrofen und im oberen Wertachtal

Ausgangspunkt: Jungholz (Tirol), Bushaltestelle am Ortsanfang, 1058 m; Parkplatz bei den Skiliften | **Charakter:** Kurzer Steilaufstieg zu Beginn. Teilweise bezeichnete Pfade und Pfadspuren, Forst- und Wirtschaftswege, kurzer Steig. Orientierungssinn angenehm | **Einkehr:** In Unterjoch und Vordere Sorgalpe | **Karte:** KOMPASS Nr. 3

Mittel | 10 km | 323 hm 323 hm | 3 Std.

Völlig abseits des Verkehrs verbinden mehrere Wanderrouten die hoch gelegene deutsche Wirtschaftsenklave Jungholz mit dem Hindelanger Ortsteil Unterjoch, hinter dem sich das Tannheimer Tal öffnet.

Am Ortsanfang von **Jungholz** gehen wir erst mal zu den Skiliften, wo Richtung Sorgschrofen ein Alpweg abzweigt. Bald haben wir uns mit einer saftig steilen Wiesenspur anzulegen. Aber der Rückblick auf das schmucke Tiroler Bergdorf entschädigt für die Aufstiegsmühen.

Im weiteren Verlauf halten wir uns entlang eines Schlepplifts. An der Bergstation eines parallel verlaufenden Skilifts folgt man in deutlich angenehmerer Steigung der mit „Älpele Alm" ausgeschilderten Skitrasse. Durch ein Waldstück kommt man zu der unter den Gipfelfelsen des Sorgschrofens stehenden **Älpelealp**.

Während einer mit ziemlicher Sicherheit ungestörten Ruhepause schaut man über die hier noch geräumige Talsenke der jungen Wertach zum Wertacher Hörnle und über die lang gezogene Elleggböhe zum turmgeschmückten Blender.

Wir gehen ganz kurz zurück zu einer Gabelung und schlendern auf dem talwärts führenden Alpsteig über einen Weidehang. Nach der bayerischen Grenze geht's auf einem Forstweg, die rote Markierung beachtend, nach **Unterjoch**. In dem verträumten Dörfchen mit dem schlanken Kirchturm bringt man es wohl kaum übers Herz, das gastronomische Angebot abzulehnen. Am Ortsrand bietet sich auch noch ein Wasserfall zu einem kaum nennenswerten Abstecher an.

Anschließend spazieren wir wieder zur bekannten Verzweigung

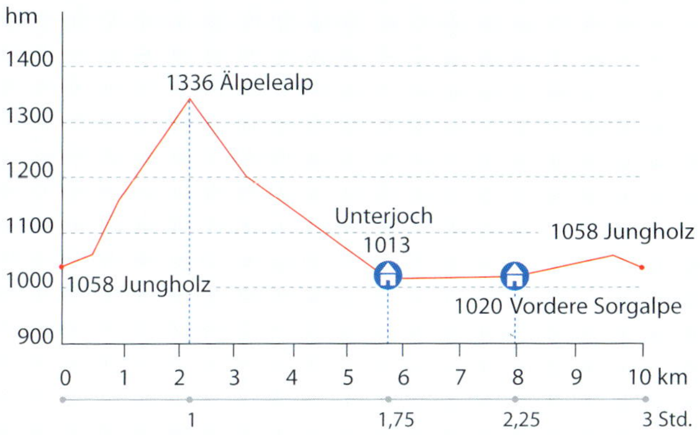

am Ortsanfang und lassen uns auf dem Wirtschaftsweg Richtung Spielstation ein kleines Stück vom Weißenbach begleiten. Ein Wiesenpfad wechselt nun das Wertachufer. Wieder auf einer landwirtschaftlichen Fahrbahn, achten wir an der Kläranlage auf den Jungholzer Wegweiser, wechseln am Spielplatz abermals die Wertachseite und überqueren kurz auf einem Feldweg ein Weidegebiet. Danach lenkt uns die gewohnte Beschilderung in ein Anliegersträßchen. Bald nach der folgenden Verzweigung erreichen wir die **Vordere Sorgalpe**.

Auf einem Waldweg kehren wir zurück nach Tirol und haben es nicht mehr weit hinauf nach **Jungholz**.

Über der Tiroler Wirtschaftsexklave Jungholz ragt der Sorgschrofen auf.

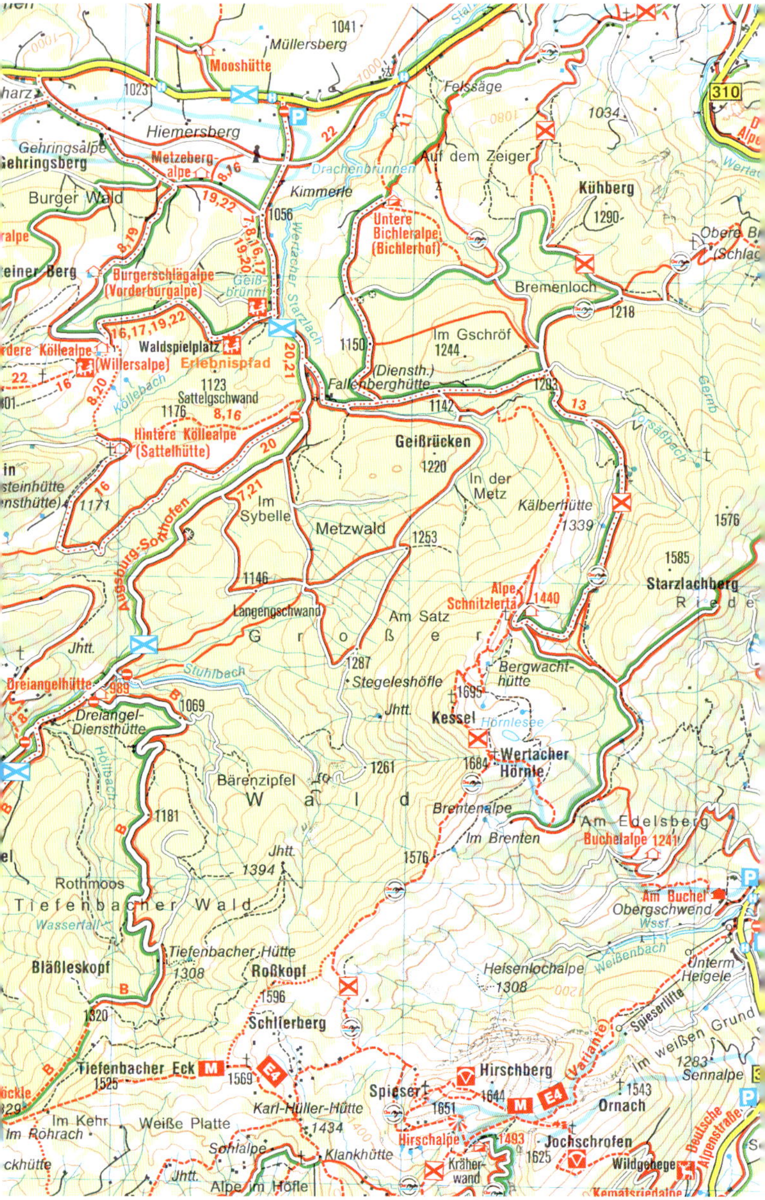
Müllersberg
1041
Mooshütte
1023
Hiemersberg
Felssäge
310
1034
Gehringsalpe
Gehringsberg
Metzeberg-alpe
8,16
22
11
Auf dem Zeiger
Drachenbrunnen
Kühberg
Kimmerle
Burger Wald
19,22
1056
1290
Untere Bichleralpe (Bichlerhof)
Obere
8,19
7,8,16,17,19,20
Wertacher Starzlach
Burgerschlägalpe (Vorderburgalpe)
Geiß-brünnl
Bremenloch
1218
16,17,19,22
Waldspielplatz
Im Gschröf
1244
1150
Kölleaipe
(Willersalpe)
Erlebnispfad
20,21
22
16
8,20
Köllebach
1123
Sattelgschwand
(Diensth.)
Fallenberghütte
1203
1142
13
1176
8,16
Hintere Kölleaipe (Sattelhütte)
Geißrücken
Germb
Vorsäßbach
20
1220
16
1171
7,21
Im Sybelle
In der Metz
Kälberhütte
1339
1576
Metzwald
1253
Augsburg-Sonthofen
1585
1146
Starzlachberg
Alpe Schnitzlerta
1440
Langengschwand
Am Satz
Jhtt.
G r o ß e r
Stuhlbach
1287
Bergwacht-hütte
Dreiangelhütte
989
Stegeleshöfle
1695
1069
Jhtt.
Kessel
Hörnlesee
Dreiangel-Diensthütte
Wertacher Hörnle
1684
Höllbach
1261
Bärenzipfel
W a l d
Brentenalpe
1181
Am Edelsberg
Im Brenten
Buchelalpe 1241
Jhtt.
1394
1576
Rothmoos
Tiefenbacher Wald
Am Buchel
Obergschwend
Wasserfall
Wssf.
Tiefenbacher Hütte
1308
Weißenbach
Bläßleskopf
Roßkopf
Heisenlochalpe
1308
Unterm Heigele
1596
1320
Schlierberg
Spieserlifte
Im weißen Grund
Tiefenbacher Eck
1525
1569
E4
Hirschberg
1283
Sennalpe
Spieser
1644
1543
Variante
Karl-Hüller-Hütte
1651
Ornach
Im Kehr
Weiße Platte
Im Röhrach
1434
Hirschalpe
1493
Jochschrofen
1625
Sohlalpe
Klankhütte
Kräher-wand
Wildgehege
Deutsche Alpenstraße
Jhtt.
Alpe im Höfle
Kematsriedalpe

0 500 m

START
Jungholz
1058
Untere-
Höfen
Obere-
Köpfle
Gießenschwand
Heuberg
Moorweiher
Höhenweg
Habsbichl
1047
Wildgehege
Alpenhof Reuterwanne
1100
1185
(Variante)
(nur Sommer)
Unt. Reuterwannealpe
In der Bräme
Reuterwanne
Obere-Reuterwannealpe
Pfeifferberg
1457
1542
Klausen
1189
1402
Alpe Stubental
1284
Jhtt.
1241
1173
Langen-schwand-Loipe
1129
Schnitzerweg
Schrofenhütte
Langen-schwand
Schiebestrecke
Rohrmoosb.
Scheidbachalp
992
Deutsche ...enstraße
1107
934
Bichleralpe
937
1064
Pfeiffermühle
976
Gerenköpfle
1504
Hengstberg
Roßalpe
Dorfloipe
Vordere Sorgalpe
1020
985
1152
Bischlaglift
Sorgschrofenlifte
Schwandlift
Zweiländer-Loipe
1199
1017
Hintere Sorgalpe
Alpele
1336
Hängender Schrofen
Bike Trail Tirol
944
Tatzenrieskopfl
1224
Seebad Weg
1053
1636
Sorgschrofen
Zinken
1613
nur für Geübte!
Untergschwend
310
Bärenloch
1485
Im Nesselhöfle
Schranzschrofen
1110
Vils
Zerreralpe
Kälberhofalpe
Im Neuwald
803
Unterjoch
1013
Zehrerhöfe
Rehbach
1072
Alpenrose
Drei Täler Radrundweg
Bike Trail Tirol
Pfrontner Wald
Holzenberg
1233
Steineberg
1078
In der Bränte
1043
1058
1098
E4
Holzenbauer
1086
Radwanderweg Tannheimer Tal
Rundwanderweg Tannheimer Tal
1561
Krummenbacher Berg
Geigerbühel
Untere-
Krummenbach
1091
Moorweiher
E.-Werk
1298
Kappler Berg
Wiesler Berg
1465
Untere Schwandalpe
Obere Schwandalpe
1175
Oberjoch
Oberjochpass
1164
Vilsfall
Vils-Stausee
Am Schedler
308
199
Steig
Frickler Berg
802

2. Kematsriedmoos und Alpsteigtobel

Rund um den Krumbacher Berg

Ausgangspunkt: Oberjoch (Gemeinde Bad Hindelang), Bushaltestelle am Groß-Parkplatz, 1136 m | **Charakter:** Sanfte Steigungen. Gut beschilderte Wander-, Fußgänger- und Wirtschaftswege, kurzer undeutlicher Pfad | **Einkehr:** Moorhütte, Gaststätte Kaminstube | **Karte:** KOMPASS Nr. 3

Leicht | 8 km | 158 hm 158 hm | 2,25 Std.

Auf dem beschaulichen Rundwanderweg zwischen dem Hindelanger Ortsteil Oberjoch und dem Tannheimer Tal streift man gleich zu Beginn durch das Kematsriedmoos, das nur im Randbereich kultiviert wurde. In diesem melancholischen Hochmoor am Fuße von Kühgundkopf und Iseler sind Tiere und Pflanzen der Roten Liste beheimatet. So kommen hier beispielsweise Hochmoorgelbling, Natterwurz-Perlmuttfalter, Arktische Smaragdlibelle, Langblätteriger Sonnentau und Kreuzotter vor.

Vom Groß-Parkplatz in **Oberjoch** nehmen wir den Fußgängerweg Richtung Alpsteigtobel durch die Bundesstraßen-Unterführung. Danach folgen wir dem von den Gästen der Jugendbildungsstätte des Alpenvereins umweltschonend angelegten Moorlehrpfad durch das herb duftende **Kematsriedmoos**. Ab der Moorhütte, einer Einkehrstation mit Moorbad, leitet ein Fußgängerweg entlang der B 308 und an der Gaststätte Kaminstube vorbei, auf den hahnenkammartigen Sorgschrofen zu. Zur Linken erheben sich Jochschrofen und Wertacher Hörnle.

Beim Grenzwieslift stoßen wir wieder auf den uns bekannten Wegweiser „Alpsteigtobel“. Ein teilweise geteerter Alpweg steigt nun leicht bergan. Von der Gabelung auf dem höchsten Punkt der Wanderung, einer Feuchtwiesenkuppe – und gleichzeitig auch die alte Passhöhe der Salzstraße von Hall in Tirol über Hindelang zum Bodensee –, geht es auf einem Wanderweg talwärts zum einstigen Zollhaus. Dort quert man die Bundesstraße und gelangt über drei Bachstege zum stillen **Alpsteigtobel**.

Im Mischwald begleiten wir die beachtlich eingeschnittene Kerbe

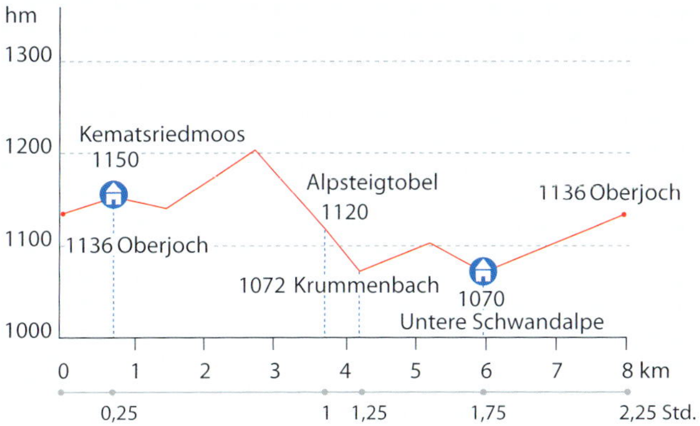

des Weissenbachs. Bei den versteckten Höfen von **Krummenbach** mit Kapelle legt sich der Bach ein letztes Mal quer. Auf einem Ziehweg mit kleinem Gegenanstieg, zwischen Krumbacher Berg und Hotzenberg durch einen teilweise undeutlichen Wiesenpfad unterbrochen, erreichen wir über einen Sattel die **Untere Schwandalpe**. Nach einer Bachbrücke bummeln wir auf einem geteerten Wirtschaftsweg über Waldweiden leicht bergan und treffen voller neuer Eindrücke zufrieden wieder in **Oberjoch** ein.

Der Kühgundkopf über dem Oberjocher Kematsriedmoos.

Starzlachberg
Riede
Alpe Schnitzlertal 1440
Langengschwand
Am Satz
Großer
Jhtt.
Stuhlbach
Dreiangelhütte
989
1069
Dreiangel-Diensthütte
1287
Stegeleshöfle
Bergwacht-hütte
1695
Jhtt.
Kessel
Hörnlesee
1684
Wertacher Hörnle
1261
Bärenzipfel
Wald
Höllbach
1181
Brentenalpe
Im Brenten
Am Edelsberg
Buchelalpe 1241
Jhtt.
1394
1576
Rothmoos
Tiefenbacher Wald
Wasserfall
Am Buchel
Obergschwend
Wssf.
Weißenbach
Tiefenbacher Hütte
1308
Roßkopf
Bläßleskopf
Heisenlochalpe
1308
Unterm Heigele
1596
1320
Schlierberg
Spieserlifte
Im weißen Grund
Tiefenbacher Eck
1525
1569
E4
Hirschberg
(Variante)
1283
Sennalpe
1543
Spieser
1651
1644
Ornach
Karl-Hüller-Hütte
1434
Im Kehr
Im Rohrach
Weiße Platte
Hirschalpe
1493
Jochschrofen
1625
Sohlalpe
Klankhütte
Kräher-wand
Wildgehege
Deutsche Alpenstraße
Jhtt.
Alpe im Höfle
Kematsriedalpe
Oberjoch
Hirschberg
Kräherkopf
Krankenhaus
Erlebnisse
1500
1479
Alpenhotel
Höflealpe
Kellerwand
Alpenklinik
Teils geteert, teils geschottert!
Hirschbach-tobel
Ifenblick
Rosenhof
Moorbad
Wssf.
Panoramaweg
START
Gailenberg
989
Steinköpfle
Lehrpfad
1136
Wssf.
Kanzel
Hochpaßhaus
1076
Luitpoldhöhe
Café Polite
Untere Ochsenalpe
Mattlihaus
Bad Hindelang
940
Gsend-alpe
Markt
Wildbachtobel
Vorderhindelang
820
Allgäu-Clinic
Geolog. Lehrpfad
Ochsenbergalpe
832
308
Bergwachtw.
Kurhs.
Prinz-Luitpold-Schwefel-Mineralbad
Obere Ochsenberg
Lexenmühle
1463
Bad Oberdorf
E.-Werk
819
Kurhotel
Palmenberg
E.-Werk
Wald-festplatz
Hammerschmiede
Tennis- u. Squashpark
Schanzpark
Kneippanlage
Schleierfall
Palmweg
Isele Platz-Hütt
12A
Nordpol
Obere Mühle
Naturdenkmal
Bachholz
Im unteren Schachen
Heimatmuseum
Schaukäserei
In den Voglern
Unterwald
831
Hornbahn
1027
Vaterlandsweg
1707
Reichenbach
Alpenrosenköpfle
1235
Ostrach
1004
Achsel
1111
Auf den Schlägen
Burgschrofen
Hornalpe 1225
Bruck
Schrattenberg
Zwölferkopf 1334
1355
Bergrestaurant/Café
Ostrach-wellen
Schwaben
Panoramaweg
1320
Gemsbach

0 500 m

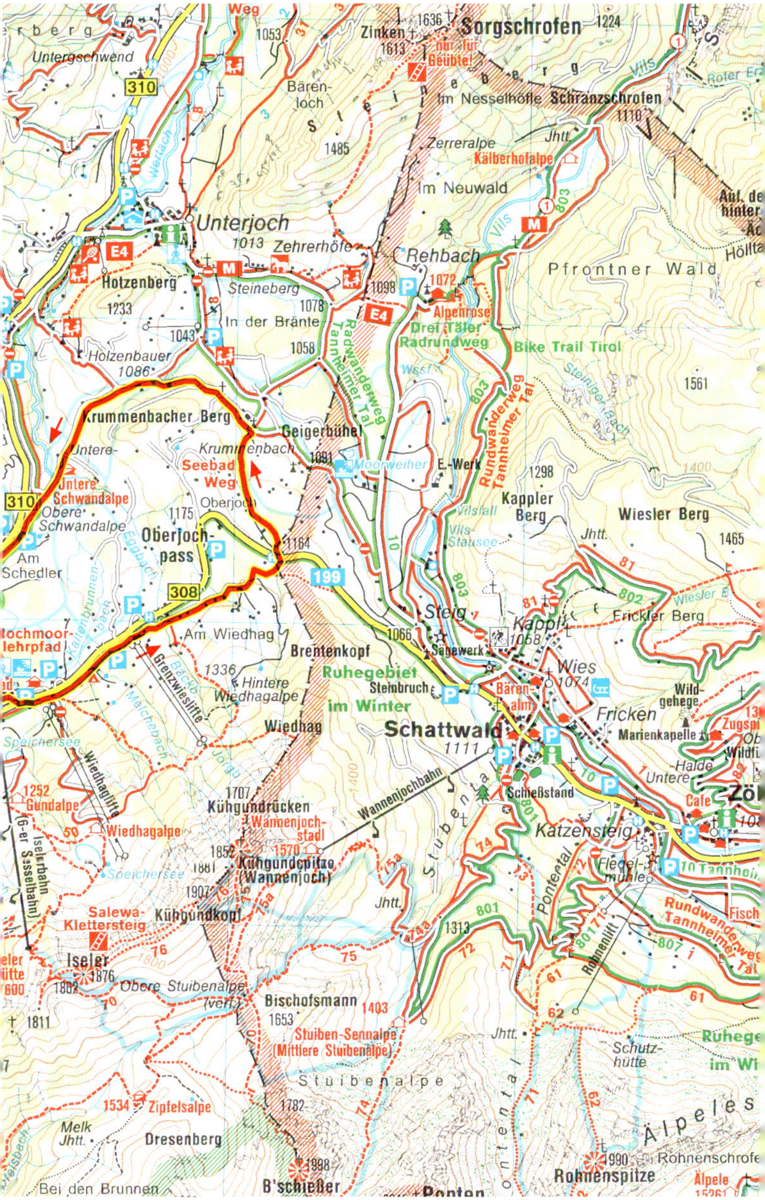
Unterjoch
Zehrerhöfe
Rehbach
Sorgschrofen
Zinken
nur für Geübte!
Schranzschrofen
Im Nesselhöfle
Zerreralpe
Kälberhofalpe
Im Neuwald
Bärenloch
Untergschwend
Hotzenberg
Steineberg
In der Bränte
Holzenbauer
Alpenrose
Drei Täler Radrundweg
Bike Trail Tirol
Pfrontner Wald
Radwanderweg Tannheimer Tal
Rundwanderweg Tannheimer Tal
Krummenbacher Berg
Krummenbach
Geigerbühel
Seebad Weg
Untere Schwandalpe
Obere Schwandalpe
Oberjoch
Oberjochpass
Am Schedler
Moorweiher
E.-Werk
Kappler Berg
Wiesler Berg
Vilsfall
Vils-Stausee
Steig
Kappl
Frickler Berg
Sägewerk
Hochmoor-lehrpfad
Am Wiedhag
Brentenkopf
Ruhegebiet im Winter
Steinbruch
Bärenalm
Wies
Fricken
Wildgehege
Marienkapelle
Hintere Wiedhagalpe
Grenzwiesllifte
Wiedhag
Schattwald
Speichersee
Wiedhaglifte
Gundalpe
Wiedhagalpe
Kühgundrücken
Wannenjochstadl
Wannenjochbahn
Schießstand
Katzensteig
Fiedelmühle
Kühgundspitze (Wannenjoch)
Iselerbahn (6-er Sesselbahn)
Salewa-Klettersteig
Kühgundkopf
Stubental
Pontental
Rohnenlift
Iseler
Obere Stuibenalpe (verf.)
Bischofsmann
Stuiben-Sennalpe (Mittlere Stuibenalpe)
Stuibenalpe
Schutzhütte
Zipfelsalpe
Melk Jhtt.
Dresenberg
Bei den Brunnen
B'schießer
Rohnenspitze
Rohnenschrofe
Alpeles
Untere Halde
Cafe
Zugspitzblick

3. Kühgundkopf, 1907 m und Iseler, 1876 m

Drei-Gipfel-Tour mit dem gewissen Etwas

Ausgangspunkt: Oberjoch (Gemeinde Bad Hindelang), Bushaltestelle am Großparkplatz, 1136 m | **Charakter:** Unterschiedlich steile Anstiege. Abschüssige und einfache felsige Passagen erfordern Trittsicherheit. Gut bezeichnete Steige und kurze Alpwege | **Einkehr:** Wiedhaghütte (kleiner Abstecher) und Gundalpe | **Karte:** KOMPASS Nr. 3

Mittel | 9,5 km | 771 hm / 771 hm | 4,75 Std.

Als Ausgangspunkt für die befreiende Kammüberschreitung wählen wir den Großparkplatz in **Oberjoch**. Der Grenzweg begleitet die ins Tannheimer Tal führende B 308 zum Wiedhaglift.

Nach der Brücke über den Kaltenbrunnenbach weist das Schild „Wiedhaghütte“ auf einen durch lockeren Bergwald leitenden Ziehweg, der bald von einem gemütlichen Steig abgelöst wird. An einer Verzweigung auf den gewohnten Wegweiser achtend, queren wir eine wüste Sturzbachrinne, über der die Route an Steigung zulegt. Bei der Wiedhag-Skiabfahrt verlassen wir den Kurs zur Wiedhaghütte und wechseln die Melchebachrinne.

An der Grenzwies-Bergstation geht's unter dem Schlepplift hindurch und unterschiedlich steil durch die Krummholzzone zum Kühgundrücken. Entlang der Landesgrenze verschmälert sich der urplötzlich kräftig anziehende Rücken zu einem von Latschen bewachsenen und später nur noch zwischendurch steilen Grat. Leichte Felsstufen mit Blick zu den Tannheimer Kalkspitzen verlangen ein gelegentliches Hand anlegen. Nach Querung eines abschüssigen Schrofenhangs erreicht man die **Kühgundspitze**, die bei den Tirolern Wannenjoch genannt wird.

Zum etwas höheren **Kühgundkopf** schalten sich ein paar begrünte Erhebungen ein. Über imponierenden Schuttreißen und an anregenden Felsenfenstern vorbei bummelnd, fällt der Südwestkamm kaum ab. Der Weiterweg entpuppt sich dann latschiger und deutlich einfacher als der Aufstieg.

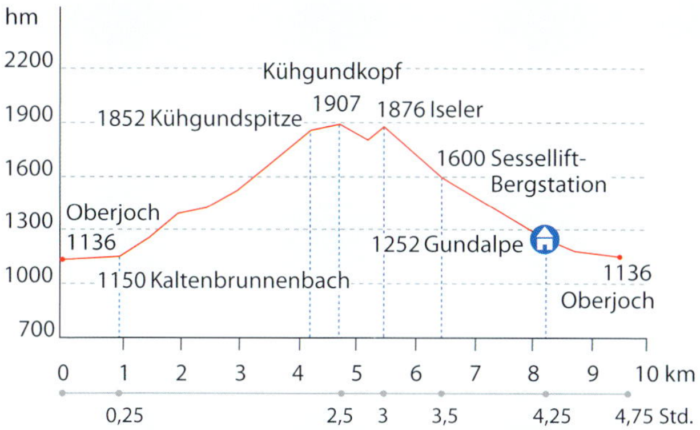

Von einem Sattel folgt ein kurzer Gegenanstieg mit ein paar felsigen Stufen zum **Iseler**.

Ein breiter Steig leitet uns jetzt durch Latschengassen, anfangs einen Gratrücken benützend, später im Zickzack Richtung Oberjoch über die Nordseite.

Ab der Bergstation des Sessellifts lassen wir uns wieder vom bekannten Wegweiser „Wiedhaghütte" den Kurs angeben. Nach einem Schuttkar nehmen wir kurz vor der Wiedhaghütte, auch Vordere Wiedhagalpe genannt, die Abzweigung über ein vergnügliches Weidegebiet zur **Gundalpe**. Ein geteerter Alpweg bringt uns in Kürze nach **Oberjoch**.

Auf dem Iseler.

Wald
Wolfsbichel
1058
1181
Rothmoos
Tiefenbacher Wald
Wasserfall
Jhtt.
1394
Brentenalpe
Im Brenten
1576
Am Edelsb
Buchelalpe 1241
Am B
Obergsch
Wssf.
Weißenbach
Blässleskopf
Tiefenbacher Hütte
1308
Roßkopf
1596
Heisenlochalpe
1308
Schlierberg
1320
Tiefenbacher Eck
1525
1569
E4
Hirschberg
1644
Variante
Spieserlift
Im wei
1543
Ornach
Jhtt. Bildstöckle
1329
Spieser
1651
Karl-Hüller-Hütte
1434
Im Kehr
Im Rohrach
Weiße Platte
Sohlalpe
Klankhütte
Hirschalpe
1493
Jochschrofen
1625
Wildgehege
Schwandeckhütte
Wickkapelle
1217
Jhtt.
Alpe im Höfle
Kräher-wand
Kematsriedalpe
Oberjoch
Gschwend
Hirschberg
1500
1479
Kellerwand
Kräherkopf
Krankenhaus
Alpenhotel
Alpenklinik
Rosenhof
Höflealpe
1123
Teils geteert, teils geschottert!
Hirschbachtobel
Wssf.
Ifenblick
Panoramaweg
1136
Gailenberg
989
Steinköpfle
1076
Lehrpfad
Kanzel
Luitpoldhöhe
Café Polite
940
Bad Hindelang
Markt
820
Allgäu-Clinic
Geolog. Lehrpfad
Riedle
Vorderhindelang
832
881
Untere Ochsenalpe
Gsendalpe
Ochsenbe
Bergwachtw.
Prinz-Luitpold-Schwefel-Mineralbad
308
Wildbachtobel
Kurhs
Lexenmühle
E.-Werk
E.-Werk
Wald-festplatz
Hammerschmiede
Tennis- u. Squashpark
Schanzpark
Kneippanlage
Bad Oberdorf
819
Kurhotel
Palm
Schleierfall
Naturdenkmal
Schlermoos
Bachholz
Im unteren Schachen
Nordpol
Obere Mühle
Schaukäserei
Heimatmuseum
Unterwald
In den Voglern
1027
831
Reichenb.
Blörchachalpe
Hornbahn
Alpenrosenköpfle
1235
1004
Achsel
Vaterlandsweg
1111
Auf den
Schrattenberg
Burgschrofen
1334
Hornalpe
1225
Bruck
Ostrach
Zwölferkopf
1355
Bergrestaurant/Café
Ostrachwellen
Panoramaweg
Schwabenhütte
1320
Jägersteig
Bärenweg
Gemsbach
Imberger Horn
1655
Café Horn
Michael-Schuster-Hütte
Gletscherspalte
Hornwiesen
E.-Werk
870
Naturfreundehaus
1180
Hornkapelle
Neue Strausbergalpe
1227
Naturpark
Hochmoor
1226
1564
Strausberg
Strausbergalpe
MTB-Schiebestrecke
Hornbachalpe
1067
Bsonderach
Vordere Kehlerinne
Heidachrinne
Hintere
Hinterstein
Kutschenmuseum
1047
0 500 m

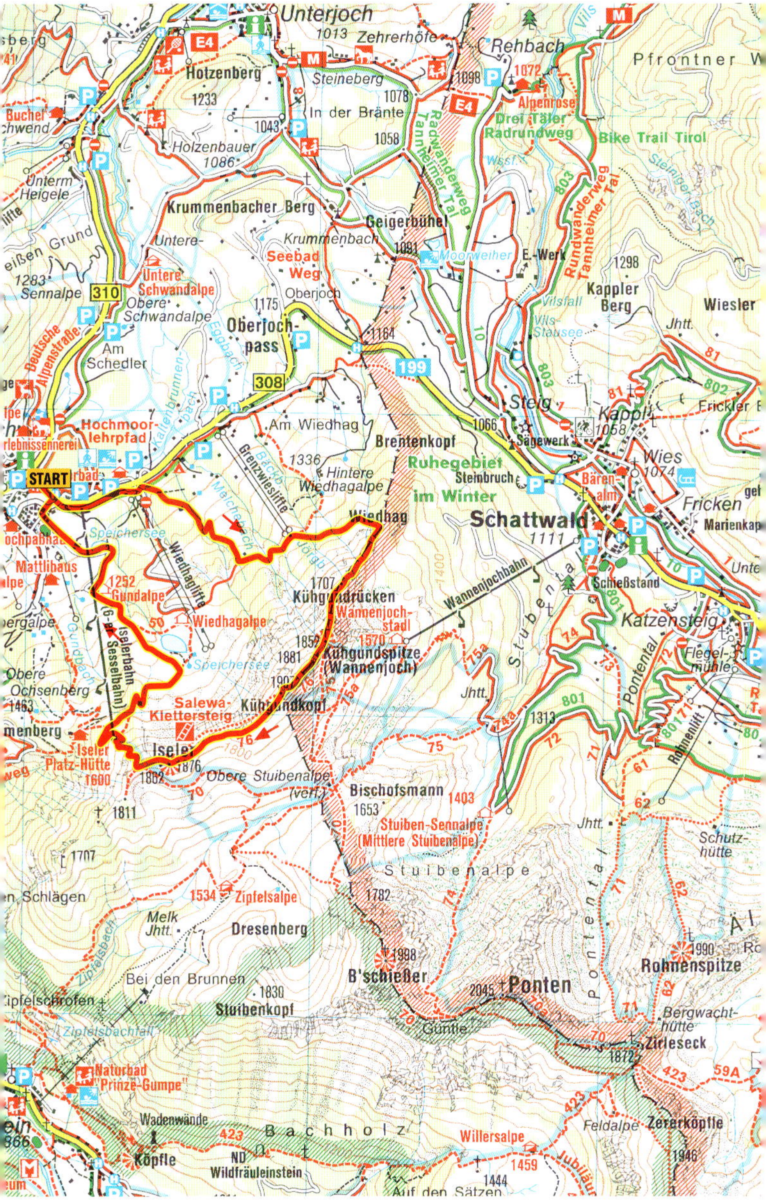

Unterjoch
1013 Zehrerhöfe
Rehbach
Pfrontner
E4
Hotzenberg
Steineberg
1098
1072
1233
1078
In der Bränte
Alpenrose
Buchel
Schwend
1043
Radwanderweg Tannheimer Tal
Drei Täler Radrundweg
Bike Trail Tirol
Holzenbauer
1086
1058
Unterm Heigele
Krummenbacher Berg
Geigerbühel
Rundwanderweg Tannheimer Tal
Steinige Bach
Untere-
Krummenbach
Seebad Weg
1091
Moorweiher
E.-Werk
1298
1283
Sennalpe
310
Untere Schwandalpe
Obere Schwandalpe
Oberjoch
1175
Vilsfall
Kappler Berg
Wiesler
Deutsche Alpenstraße
Am Schedler
Oberjoch-pass
1164
Vils-Stausee
Jhtt.
199
308
Steig
Kappl
Frickler
Hochmoor-lehrpfad
Erlebnissennerei
Am Wiedhag
Brentenkopf
1066
1058
Sägewerk
Wies
1074
Grenzwiesllifte
1336
Hintere Wiedhagalpe
Ruhegebiet im Winter
Steinbruch
Bären-alm
Fricken
START
Wiedhag
Schattwald
1111
Marienkap
Speichersee
Mattlihaus
1252
Gundalpe
Wiedhaglifte
1707
Kühgundrücken
Wannenjochbahn
Schießstand
Unte
Wannenjoch-stadl
Wiedhagalpe
Katzensteig
Iselerbahn (6-er Sesselbahn)
1859
1570
Kühgundspitze (Wannenjoch)
Flegel-mühle
Speichersee
1881
Obere Ochsenberg
1463
1907
Kühgundkopf
Jhtt.
Pontental
Salewa-Klettersteig
1313
Rohnenlift
Iseler Platz-Hütte
1600
Iseler
1876
1882
1800
Obere Stuibenalpe (verf.)
Bischofsmann
1403
1653
1811
Stuiben-Sennalpe (Mittlere Stuibenalpe)
Jhtt.
Schutz-hütte
1707
Stuibenalpe
1782
Schlägen
1534
Zipfelsalpe
Melk Jhtt.
Dresenberg
1998
1990
Rohnenspitze
B'schießer
2045
Ponten
Bei den Brunnen
1830
Zipfelsbach
Zipfelschrofen
Stuibenkopf
Bergwacht-hütte
Güntle
Zipfelsbachfall
1872
Zirleseck
Naturbad "Prinze-Gumpe"
423
59A
Feldalpe
Zererköpfle
Wadenwände
Bachholz
Willersalpe
Köpfle
ND Wildfräuleinstein
1946
1459
1444
Auf den Sätzen
866

4. Lohmoos, 1460 m

Sonnseitige Höhen zwischen Schattwald und Tannheim

Ausgangspunkt: Schattwald, Bushaltestelle in der Ortsmitte, 1111 m; Parkplatz an der Wannenjoch-Sesselbahn | **Charakter:** Maximal mittelsteile Steigungen. Vorbildlich beschilderte Forst- und Wirtschaftswege | **Einkehr:** In Berg und Zöblen | **Karte:** KOMPASS Nr. 4

Leicht | 14,5 km | 426 hm 426 hm | 4 Std.

Traumhafte Stimmungsbilder erwarten den Wanderer auf dieser einfachen Wald- und Wiesenrunde über die Sonnenseite des westlichen Tannheimer Tals und zurück am geruhsamen Ufer der vom Vilsalpsee herbei eilenden Vils.

In der Ortsmitte von **Schattwald** gibt uns das Schild „Restaurant Bärenalm" die Richtung an. Nach der Flussbrücke folgen wir dem Fußgängerweg an der Jausenstube vorbei vilsabwärts zum Ortsteil Kappl. Dort beginnt die für Bergradler gekennzeichnete „Haldenrunde" auf einem anfangs geteerten Forstweg.

Dieser windet sich über locker bewaldete Alpweiden mit schönen Blicken zu den Erhebungen des westlichen Hochtals unterschiedlich steil bergan.

An einer Gabelung achten wir auf die gewohnte Beschilderung und haben über den Wiesler und Frickler Berg eine gemütliche Route mit kleinen Höhenverlusten vor uns. Nach einem neuerlichen kurzen Anstieg wählen wir an der Verzweigung auf einer Bergschulter den weiterhin bezeichneten Bike-Kurs zum nahen Sattel am Haldeler Kopf, den spitzen Einstein als zusätzlichen Richtungsweiser. Unser Weg ist nun zum Tannheimer Ortsteil Berg ausgeschildert.

Nach dem folgenden Flachstück an einem Windwurfhang entlang mit Ausschau ins Achtal und einem unbedeutenden Gefälle erreichen wir das **Lohmoos** unter dem Einsteingipfel.

Reizvolle Tiefblicke auf Tannheim genießend, gewinnt man in **Berg** wieder den Talboden, der hier von der Berger Ache durchflossen wird. Gleich am Ortsbeginn geht es westwärts zur Kapelle St. Leonhard. Dann erfreuen wir uns, stets an der Vils entlang mit immer wieder begeisternden Rückblicken zu den Felszacken Gimpel und Rote

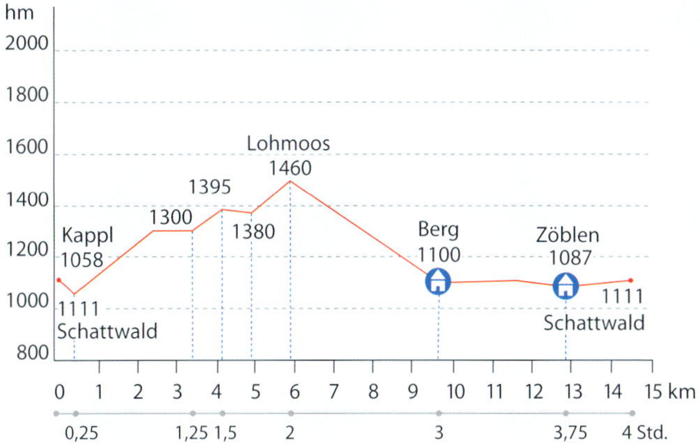

Flüh, einer unterhaltsamen Trödelei auf dem „Radwanderweg Tannheimer Tal“. Den stimmungsvollen Greiterweiher passierend, gelangen wir über **Zöblen** zurück nach **Schattwald**.

Gaishorn vom Lohmoos.

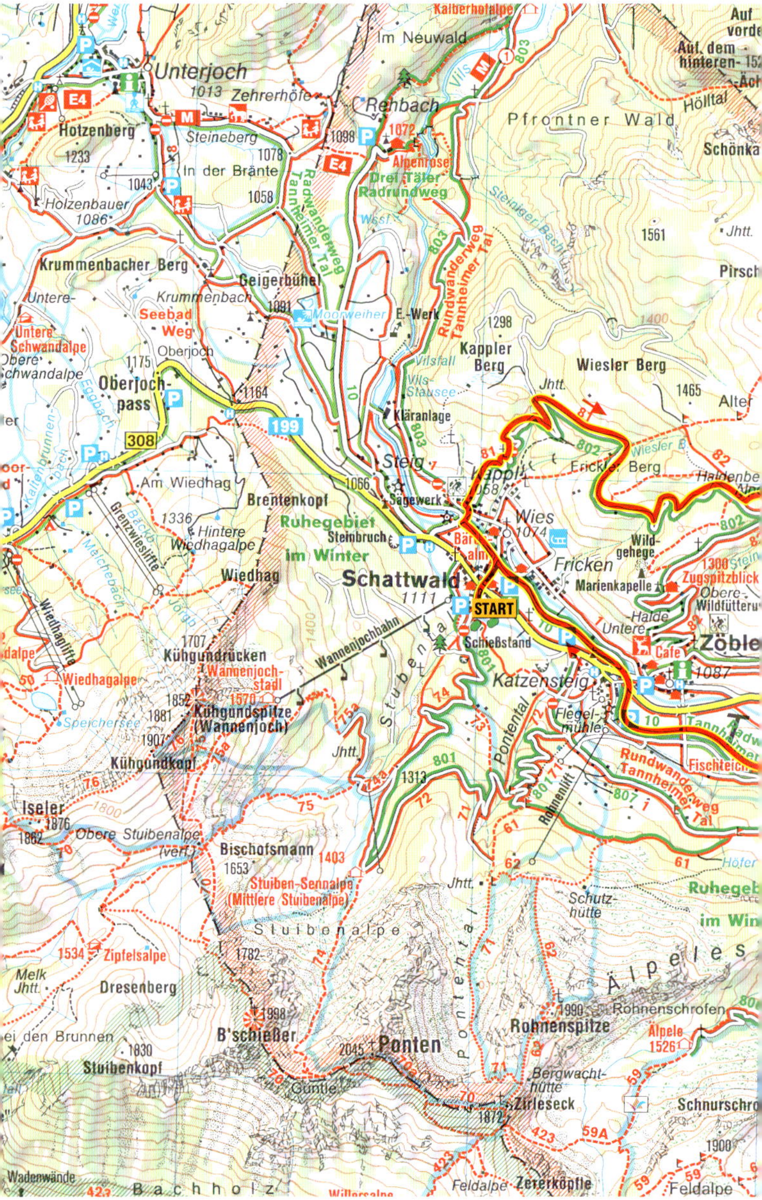

Kalberhofalpe
Im Neuwald
Unterjoch
1013 Zehrerhöfe
Rehbach
Pfrontner Wald
Hölltal
Schönka
Hotzenberg
1233
Steineberg
1078
In der Bränte
1043
1058
1098
1072
Alpenrose
Drei Täler Radrundweg
Radwanderweg Tannheimer Tal
Rundwanderweg Tannheimer Tal
Holzenbauer
1086
Steiniger Bach
1561
Jhtt.
Pirsch
Krummenbacher Berg
Geigerbühel
Krummenbach
1091
Moorweiher
E.-Werk
1298
Kappler Berg
Untere-
Untere Schwandalpe
Obere Schwandalpe
Seebad Weg
Oberjoch
1175
Oberjoch-pass
1164
Vilsfall
Vils-Stausee
Wiesler Berg
1465
Alter
Jhtt.
Kläranlage
308
199
Steig
Kappl
Frickler Berg
Haldenbe
Am Wiedhag
Brentenkopf
1066
Sägewerk
Wies
1074
1336
Hintere Wiedhagalpe
Ruhegebiet im Winter
Steinbruch
Grenzwieslifte
Wild-gehege
Fricken
1300
Zugspitzblick
Marienkapelle
Obere Wildfütteru
Wiedhag
Schattwald
1111
START
Halde
Untere
Zöble
Cafe
1087
Wiedhaglifte
Wannenjochbahn
Schießstand
1707
Kühgundrücken
Wannenjoch-stadl
Wiedhagalpe
1852
1570
Kühgundspitze (Wannenjoch)
Katzensteig
Flegel-mühle
1881
1907
Speichersee
Stubental
Pontental
Kühgundkopf
Jhtt.
1313
Rundwanderweg Tannheimer Tal
Fischteich
Rohnenlift
Iseler
1876
1882
Obere Stuibenalpe (verf.)
Bischofsmann
1653
1403
Stuiben-Sennalpe (Mittlere Stuibenalpe)
Höfer
Ruhegeb im Win
Schutz-hütte
Stuibenalpe
1534
Zipfelsalpe
1782
Älpeles
Melk Jhtt.
Dresenberg
1990
Rohnenschrofen
1998
Rohnenspitze
Älpele 1526
bei den Brunnen
B'schießer
2045
Ponten
1830
Stuibenkopf
Bergwacht-hütte
Güntle
Zirleseck
1872
Schnurschro
1900
Wadenwände
Bachholz
Willersalpe
Feldalpe
Zererköpfle
Feldalpe

0 500 m

Schwänd
Brenteneck
Kahlerbach
1242
1010
Fallmühle
Adratsbach
Seekopf
1392
Jhtt.
Aggenstein
Ostlerhütte
Kolbachfall
Pfrontner Alpe
1456
Wildes Bachtl
Einsteinhütte
Engetal
Seealpe
1064
Seewald
Drei-Täler-Radrundweg
Bad Kissingen (ehem. Pfronten)
Aggenstein-wiesen
Rehbichl
Kolbach
Mittelberg
1547
Einstein-alpe
Seebach
Hof
Einstein
1866
Lohmoos
Rappenschrofen
1710
1551
1110
Zöbler Berg
Steinswand
Ruhegebiet Moosalpe im Winter
Berger Berg
1356
Hinteregg
Rundwanderweg Tannheimer Tal
Vaterunserweg
Kienzerle
Untergschwend
Leutner
1095
St. Leonhard
Berg
Drei-Täler-Radrundweg
Sonnleiten
Innergschwend
Achrain
Kienzen
Greiterweiher (Fischteich)
Heimatmuseum
1091
Berger Ache
Neukienzen
Engel
Grän
1138
1108
Wiesle
Bichl
Geist
Tannheim
1097
Schießstand
Bogen
Ruhegebiet im Winter
1410
Pfobeschwanz
Älpelebach
Älpelestal
Vogelhorn-Bahn (8er Gondelbahn)
Rundwanderweg Tannheimer Tal
Windblesse
Hubertushütte
1486
nur Sommer
Sägewerk
Haldensee
Neunerköpflebahn
Schmieden
Untere Roßalpe
1397
Roßalpbach
Zufahrt Vilsalpsee von 10-17 Uhr gesperrt! (frei für Busse und Berechtigte)
Usseralpbach
Kesselbach
Gundhütte
1784
Schnetterer
Neunerköpfle
1864
Usseralpergunt
1127
1882
Vogelhörnle
Roßberg
1753
Schottergrube

5. Rohnenspitze, 1990 m

Kraxelei über dem westlichen Tannheimer Tal

Ausgangspunkt: Schattwald, Bushaltestelle in der Ortsmitte, 1111 m; Parkplatz an der Wannenjochbahn | **Charakter:** Längerer steiler Auf- und Abstieg. Für die einfachen Kletterstellen (I) im ausgesetzten Schrofengelände zum Gipfel mit einer gesicherten Stelle ist Trittsicherheit und Übung erforderlich. Meist markierte Pfade und Steige sowie kurze Alpwegabschnitte | **Einkehr:** Unterwegs keine | **Karte:** KOMPASS Nr. 4

Schwer | 9 km | 879 hm 879 hm | 4,75 Std.

Die zwischen Gaishorn und Ponten vom Allgäuer Hauptkamm nach Norden vorspringende Rohnenspitze (auch Rhonenspitze) bietet Erfahrenen eine genussvolle Überschreitungsmöglichkeit.

Das Sträßchen am Schattwaldbach führt uns ab der Ortsmitte von **Schattwald** hinauf ins Stuibental. Die anfangs geteerte Route ins Pontental wechselt in der dritten Kehre bei einem Stadel in einen Pfad, der über Wiesenlichtungen verläuft.

Der anschließende Forstweg (rechts) schwenkt nach wenigen Windungen an einer Gabelung östlich ab. Die Tafel „Zirleseck" zeigt auf einen Steig durch eine Mulde. Wir durchstreifen zwischen Rohnenspitze und Ponten das lichter werdende, kleine Hochtal und queren einen Geröllhang. Latschenhänge leiten, zuletzt auf einem Abstecher Richtung Ponten, empor auf das Zirleseck. Dort eröffnet sich uns ein schöner Einblick in die Hintersteiner Berge. Über dem ebenfalls grünen Zerrerköpfle bestimmt das Gaishorn-Trapez die Szene.

Neben der Bergwachtshütte geht's durch eine nicht besonders steile, drahtseilgesicherte Rinne um einen Felskopf herum und empor zu einem Schrofenrücken, der ab und an Hand anlegen erfordert. Die Kletterstellen (I) des folgenden Aufschwungs erweisen sich als technisch unproblematisch, setzen wegen ihrer Steilheit aber Aufmerksamkeit voraus.

Mit geringem Höhenverlust gelangt man in eine Scharte. Auf nur noch spärlich markierter Route mogelt man sich an kleinen Fels-

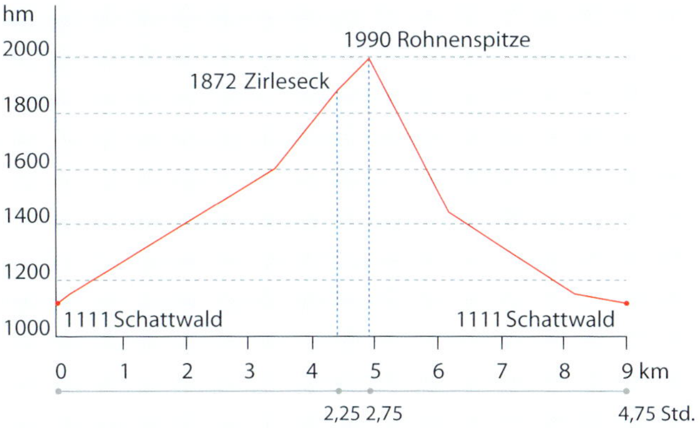

zacken etwas ausgesetzt rechts vorbei und gewinnt zuletzt durch eine steile Schrofenmulde die **Rohnenspitze**.

Was für ein Rundblick: das Wettersteingebirge, die Miemingerkette, die Lechtaler Alpen, neben der bulligen Gaishorn-Nordflanke der majestätische Hochvogel und natürlich in unmittelbarer Nähe die rassigen Tannheimer.

Hoch über dem Talgrund leitet jetzt der anfangs schuttbedeckte und von zwergwüchsigen Latschen gekleidete Nordrücken mit mehreren Absätzen steil zurück zur Aufstiegsroute, die uns nach **Schattwald** bringt.

Der Aufstieg über die Südseite der Rohnenspitze gestaltet sich sehr abwechslungsreich.

Seebad Weg
Moorweiher
E.-Werk
Kappler Berg
Sennalpe
Untere Schwandalpe
Obere Schwandalpe
Oberjoch
Oberjoch-pass
Am Schedler
Deutsche Alpenstraße
Vilsfall
Vils-Stausee
Kläranlage
Hochmoor-lehrpfad
Moos
Erlebnissennerei
Moorbad
Am Wiedhag
Brentenkopf
Steig
Sägewerk
Kappl
Wies
Ruhegebiet im Winter
Steinbruch
Bärenalm
Hintere Wiedhagalpe
Grenzwieslifte
Wiedhag
Schattwald
START
Hochpasshaus
Speichersee
Untere Ochsenalpe
Mattlihaus
Gundalpe
Wiedhaglift
Kühgundrücken
Wannenjochbahn
Schießstand
Wannenjoch-stadl
Katzensteig
Wiedhagalpe
Kühgundspitze (Wannenjoch)
Iselerbahn (6-er Sesselbahn)
Obere Ochsenberg
Kühgundkopf
Pontental
Palmenberg
Iseler Platz-Hütte
Iseler
Obere Stuibenalpe (verf.)
Rohnenlift
Palmweg
Bischofsmann
Stuiben-Sennalpe (Mittlere Stuibenalpe)
Stuibenalpe
Auf den Schlägen
Zipfelsalpe
Melk Jhtt.
Dresenberg
Bei den Brunnen
B'schießer
Ponten
Rohnenspitze
Zipfelschrofen
Stuibenkopf
Güntle
Bergwachthütte
Zipfelsbachfall
Naturbad "Prinze-Gumpe"
Zirleseck
Wadenwände
Bachholz
Feldalpe
Zererköpfl
Hinterstein
Köpfle
Naturdenkmal
Wildfräuleinstein
Willersalpe
Jubiläumsweg
Auf den Sätzen
Auf der Höhe
Älpele
Vogelholz
Berggrundalpe
Im Schlauchen
In den Wolfsgruben
Linienbusverkehr Hinterstein-Giebelhaus
Elperberg
Hinterbachhof
Geißeckjoch
Gernkopf
Hölle
Schwarztaufen
Konstanzer Jägerhaus
Gernalpe (verfallen)
Vorsässwiesen
Eckschrofen
Aueles

0 500 m

Rehbichl
Wiesler Berg
1465
Alter Hof
1535
Lohmoos
Einstein
1866
Mittelberg
1547
Einstein-alpe
Rappenschr
1710
1551
Haldenberger Alpe
Zöbler Berg
Wildgehege
Zugspitzblick
Marienkapelle
Obere Wildfütterung
Halde
Untere
Cafe
Zöblen
1087
Steinswand
Berger Berg
1356
Hintere
Kienzerle
Untergschwend
Leutner
1095
St. Leonhard
Berg
Drei-Täler-Radrundweg
Sonnleiten
Rundwanderweg Tannheimer Tal
Radweg Tannheimer Tal
Fischteich
Achrain
Greiterweiher (Fischteich)
Kienzen
Heimatmuseum
1091
Innergsc
Berger Ache
Neukienzen
199
Wiesle
Bichl
Geist
1192
Höfer See
Ruhegebiet im Winter
Tannheim
1097
Schießstand
Bogen
1410
Pfobeschwanz
Vogelhorn-Bahn (Ber Bondelbahn)
Älpelestal
Älpelebach
Rohnenschrofen
Älpele
1526
Untere Roßalpe
1397
Roßalpbach
Schmieden
Zufahrt Vilsalpsee von 10-17 Uhr gesperrt! (frei für Busse und Berechtigte)
Usseralpbach
Kesselbach
Neunerkö
Schnurschrofen
Roßberg
1753
1127
1900
Feldalpe
Obere Roßalpe
1685
Schottergrube
Usseralpe
1633
1790
Lochgehrenkopf
Vilsalptal
Gaishorn
2247
Weldingalpe
1168
Vilsalpsee
Fischerstube
Gappenfeldbach
Vilsalpsee
(1165)
Jhtt.
Sulzspitze
2084
1168
Untere Traualpe
Blässe
1961
Gappenfeld-alpe
E-Werk

6. Bärgacht-Wasserfall, 1250 m

Im fesselnden Naturschutzgebiet Vilsalpsee

Ausgangspunkt: Tannheim/Gasthaus Vilsalpsee, Bushaltestelle (Parkplatz), 1168 m; Zufahrt von 10-17 Uhr gesperrt | **Charakter:** Kurzer Aufstieg, gut bezeichnete Wirtschafts- und Wanderwege, Steige, im Talschluss bis in den Sommer Altschneereste | **Einkehr:** Untere Traualpe, Vilsalpe | **Karte:** KOMPASS Nr. 4

Leicht | 6,75 km | 82 hm 82 hm | 2 Std.

Bärgacht bedeutet soviel wie jäher Berg. Anfangs auf dem Vilsalpsee-Promenadeweg, entführt dieser kleine pfiffige Ausflug, ganz im Zeichen des Wassers, in die Abgeschiedenheit der Allgäuer Hochalpen.

Ein zu Beginn geteerter Wirtschaftsweg erschließt ab dem **Gasthaus Vilsalpsee** das Ost- und Südufer des königlichen Berggewässers. Gespannt spazieren wir an der Unteren Traualpe mit E-Werk vorbei und über feuchte Wiesen. Ohne jegliche Anstrengung erfährt man bereits hier die Erhabenheit einer der reizvollsten Bergwinkel der Allgäuer Alpen. Besonders die Spiegelbilder von Rauhhorn und Kugelhorn bannen bei ruhigem Wasser den Blick. Vom Gegenufer ziehen die Arme des Hochwaldes empor zum Ostgrat des würdevollen Gaishorns.

Ab dem Ende des Sees ist es nur mehr ein Katzensprung zur Jausenstation **Vilsalpe** mit besonderem Blick aufs Geierköpfl. Der Wasserfallwegweiser zeigt auf die Fahrwegverlängerung gerade hinauf in den Wald. Im weiteren Verlauf bringt uns ein Steig zum Waldende unter dem hohen Bärgacht-Wasserfall.

Über gewaltige Plattenlagen donnert dieser zu Tal und hüllt vor allem im Frühsommer den Wanderer in seinen prickelnd sprühenden Gischtmantel.

Als Rückweg von der Vilsalpe zum Gasthaus Vilsalpsee bietet sich der kurzweilige Westufer-Wanderweg an.

KOMPASS INFO

Je nach Jahreszeit erschweren möglicherweise Altschneefelder der Lawinenreste aus dem vergangenen Winter die Bachquerung im geröllbedeckten Talschluss und die weitere Wegsuche auf der anderen Seite.

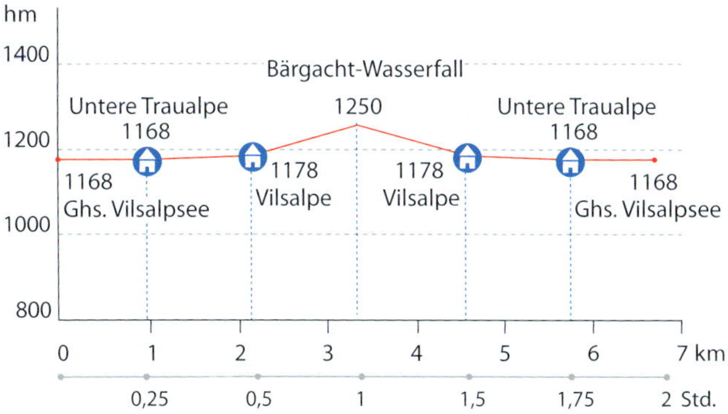

Vilsalpsee mit Kugelhorn und Rauhhorn.

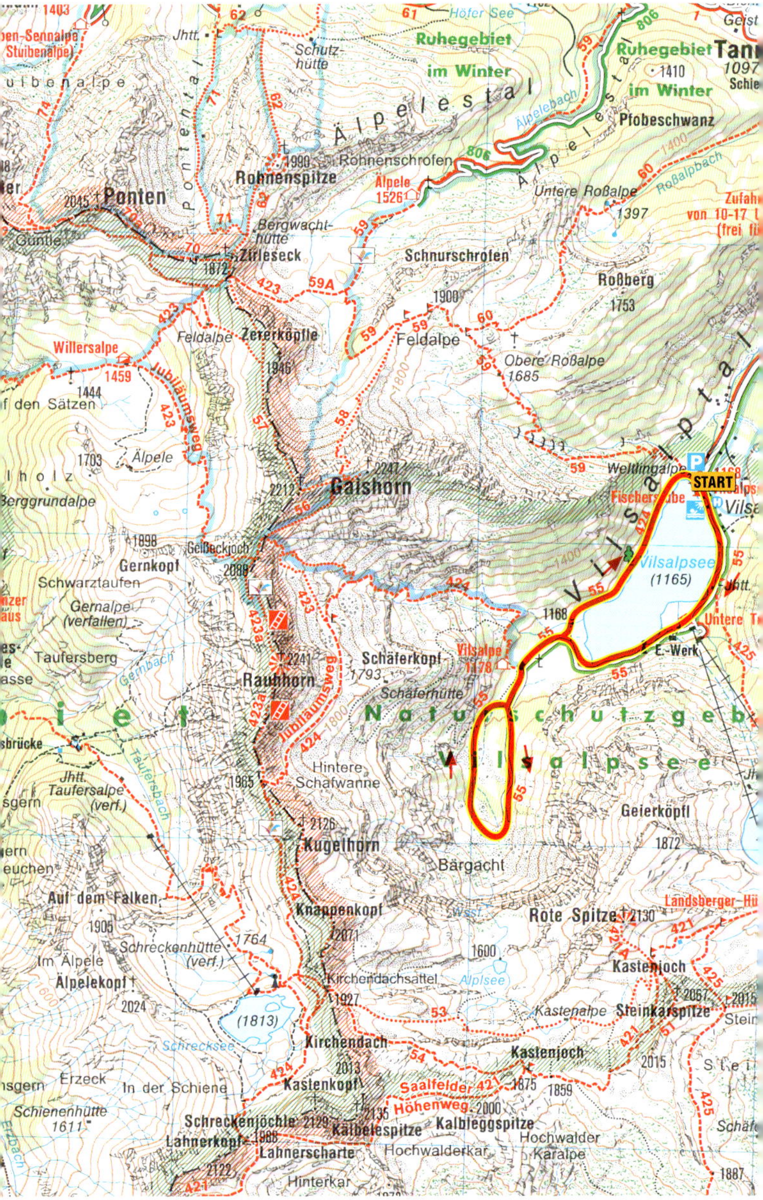
Höfer See
Ruhegebiet
im Winter
Ruhegebiet
im Winter
Älpelestal
Älpelebach
Pfobeschwanz
Schutzhütte
Rohnenschrofen
Rohnenspitze
Ponten
Pontental
Älpele
1526
Untere Roßalpe
1397
Roßalpbach
Bergwachthütte
Zirleseck
Güntle
Schnurschrofen
Roßberg
1753
Willersalpe
1459
Feldalpe
Zererköpfle
Feldalpe
Obere Roßalpe
1685
Jubiläumsweg
Älpele
Gaishorn
Weltlingalpe
START
Fischerstube
Vilsalptal
Geißeckjoch
Gernkopf
Schwarztaufen
Gernalpe
(verfallen)
Vilsalpsee
(1165)
Untere T
Taufersberg
Gernbach
Rauhhorn
Schäferkopf
1793
Vilsalpe
1178
Schäferhütte
E.-Werk
Naturschutzgebiet
Vilsalpsee
Hintere
Schafwanne
Taufersalpe
(verf.)
Taufersbach
Kugelhorn
Geierköpfl
1872
Bärgacht
Auf dem Falken
Knappenkopf
Wssf.
Rote Spitze
2130
Landsberger Hü
Schreckenhütte
(verf.)
Im Älpele
Älpelekopf
Kirchendachsattel
Alpsee
Kastenjoch
Kastenalpe
Steinkarspitze
(1813)
Schrecksee
Kirchendach
Kastenjoch
Erzeck
In der Schiene
Kastenkopf
Saalfelder 42
Höhenweg
Schienenhütte
1611
Schreckenjöchle
Kälbelespitze
Kalbleggspitze
Hochwalder
Lahnerkopf
Lahnerscharte
Hochwalderkar
Karalpe
Hinterkar

0 500 m

Rundwanderweg Tannheimer Tal
Sägewerk
Schaukäserei
Haldensee
1130
Uferpromenadeweg
Haldensee
(1124)
Bogen
Windblesse
Hubertushütte
1486
nur Sommer
Vogelhorn-Bahn (8er Gondelbahn)
Neunerköpflebahn
Schmieden
Rotflüh
10 Radwanderweg Tannheimer Tal
Vilsalpsee
Uhr gesperrt!
Busse und
Berechtigte
Gundhütte
1784
Usseralpbach
Kesselbach
Schnetterer
1127
Vils
Neunerköpfle
1864
Usseralpergunt
1882
Vogelhörnle
1312
816
Alpenrosenweg
Schottergrube
Usseralpe
1633
1790
Lochgehrenkopf
Edenbachalpe
1405
Strindenbach
Nesselwängler Ödenalpe
1680
Obere Strindenalpe
Untere Strindenalpe
1682
Gappenfeldbach
Saalfelder Höhenweg
Gräner Ödenalpe
1726
2068
Lilnisschrofen
Sulzspitze
2084
1870
Strindenscharte
1956
Traualpe
Blässe
1961
Gappenfeldalpe
Jhtt.
1860
Gappenfeldscharte
1939
Krottentalhütte (Jhtt.)
Birkentaler Jägerhütte (verf.)
Höflishütte
1184
Weißenbach
Dillinger Weg
52A
2069
Schochenspitze
1649
Obere Traualpe
Jhtt.
1395
Kienbichlhütte
Traualpsee
(1630)
Lache
(1770)
1805
1915
Östl. Lachenjoch
Am Gappen
1688
1914
2126
Lachenspitze
Gappenfelder Notländ
2274
Leilachspitze
Weißenbacher Notländer Kar
Naturpark Tiroler Lech
2180
2060
Krottenköpfe
Luchsköpfe
2087
Krottenkopfkar
Kleine Notländ
Ruhegebiet
Lehnerwald
Schwarzenbach

7. Rauhhorn, 2241 m

Felsabenteuer hinterm Vilsalpsee

Ausgangspunkt: Tannheim/Gasthaus Vilsalpsee, Bushaltestelle (Parkplatz), 1168 m; Zufahrt von 10–17 Uhr gesperrt | **Charakter:** Anhaltend steile Auf- und Abstiege. Für die lange Überschreitung mit leichter Kletterei (I+) in meist solidem Fels und einer gesicherten Moralstelle ist Trittsicherheit, Schwindelfreiheit und Erfahrung erforderlich. Gut markierte Steige, anfangs Wirtschaftsweg. Nur bei verlässlichem Wetter! | **Einkehr:** Untere Traualpe, Vilsalpe | **Karte:** KOMPASS Nr. 4

Schwer | 12,5 km | 1073 hm / 1073 hm | 6,5 Std.

Den Auftakt zu unserem Grenzerlebnis im doppelten Sinne bildet das Ostufer des malerischen Vilsalpsees.

Ein anfangs geteerter Wirtschaftsweg führt vom **Gasthaus Vilsalpsee** an der Unteren Traualpe mit E-Werk vorbei und über Feuchtwiesen zur **Vilsalpe**. Die Tafel Richtung Gaishorn zeigt hinter der Alphütte auf einen Steig, der durch lockeren Mischwald und jenseits eines Bachgrabens über steinige Weiden erst noch erholsam ansteigt. Nach einer zweiten Querung des nun mit Buschwerk bewachsenen Bergbachs überwinden Kehren steilere Grashänge. An einer Gabelung links haltend, umrundet die Route über Geröllströme die zerborstenen Rauhhornabstürze und setzt zum Gegenanstieg in den **Hintere Schafwanne** genannten Sattel an. Der lange, schrofenbesetzte Rauhhorn-Südgrat verlangt ab einer Grasschulter gute Nerven und Konzentration. Nach einer ausgesetzten felsigen Passage schaltet sich wenig westlich unterhalb des Grates eine kleine Erholungsetappe ein, bevor man mit gelegentlichem Zupacken am Fuße eines Schrofenkopfs über eine teilweise schuttige Felsrampe (I) empor turnt.

Die meist anregend steilen, griffigen Stufen am direkten Grat (I+) im mittleren Teil bereiten eine Menge Vergnügen.

Auf dem zum Schluss recht bequemen Grat werden zwei unangenehme Einschartungen östlich umgangen. Die Rundschau vom **Rauhhorn** präsentiert die ganze geologische Vielfalt der Allgäuer Alpen.

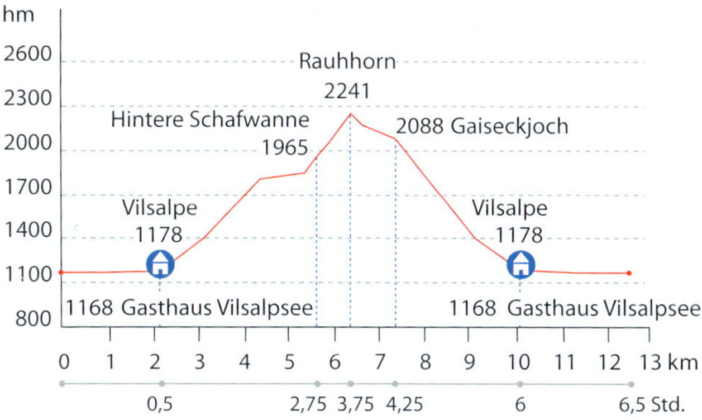

Der Abstieg beginnt mit einem lotrechten und abdrängenden, aber drahtseilgesicherten Felsabbruch mit guten Griffen (I+). Schon bald darauf setzt ein kurzer Riss nochmals etwas Kletterfertigkeit voraus. Der nun weniger stark abfallende Gratverlauf wird im später teilweise schuttbedeckten Gelände westlich umgangen. An der wieder spärlich begrünten Bergflanke entlang spazieren wir bis zum Sattel namens Vordere Schafwanne. Ein Stück unterhalb vom **Gaiseckjoch** mündet der steile Zickzackabstieg in die bekannte Route zum **Gasthaus Vilsalpsee**.

Das Rauhhorn von Norden, rechts der Südgrat.

Bischofsmann
1653
1403
Stuiben-Sennalpe
(Mittlere Stuibenalpe)
Stuibenalpe
Jhtt.
Schutzhütte
Ruhegeb
im Win
Höfer
1534
Zipfelsalpe
1782
Melk Jhtt.
Dresenberg
Älpeles
1998
1990
Rohnenschrofen
Rohnenspitze
Alpele
1526
B'schießer
2045
Ponten
Pontental
bei den Brunnen
1830
Stuibenkopf
Güntle
Bergwacht-hütte
Zirleseck
1872
Schnurschro
423
59A
1900
Wadenwände
Bachholz
Willersalpe
1459
Feldalpe
Zererköpfle
Feldalpe
Naturdenkmal
Wildfräuleinstein
1444
Auf den Sätzen
1946
Jubiläumsweg
1011
Auf der Höhe
1703
Älpele
2247
Linienbusverkehr Hinterstein-Giebelhaus
Willersbach
Vogelholz
2212
Gaishorn
In den Wolfsgruben
Berggrundalpe
868
1898
Gaiseckjoch
Hinterbachhof
Gernkopf
Schwarztaufen
Konstanzer Jägerhaus
940
Gernalpe (verfallen)
Vorsässwiesen
Rappenschrofen
Aueleswände
Taufersberg
Gernbach
2241
Schäferkopf
1793
Rauhhorn
Schäferhütte
Schneid
Möslealpe
1133
Naturdenkmal
Auelesgasse
938
Auelesbrücke
Eisenbreche
Alphütte
Auf der Scheid
Jhtt. Taufersalpe (verf.)
Taufersbach
Hintere Schafwanne
1965
Auelesgern
Untere Nickenalpe
Naturdenkmal
Aussichtskanzel
2126
1304
Erzberggern
Kugelhorn
Die Seuchen
Bärgat
Tösenbach
Diensthütte
Auf dem Falken
Knappenkopf
Vorderer Erzberghof
Auf den Gattern
1066
1905
Schreckenhütte (verf.)
1764
2071
Ortwanger Berg
1030
Im Älpele
Rastwald
Älpelekopf
Kirchendachsattel
2024
1927
Auf der Rast
(1813)
Hubertuskapelle
Schrecksee
Kirchendach
Jhtt. Hinterer Erzberghof
2013
Remsgern
Erzeck
In der Schiene
Kastenkopf
Saalfelder Höhenweg
1036
1035
In der Klei
Schienenhütte
1611
Schreckenjöchle
2129
2135
Kälbelespitze
Hufer hütte
Lahnerkopf
1988
Lahnerscharte
Hochwalderka
Linienbusverkehr Hinterstein-Giebelhaus
Mitterhof
1399
Erzbach
2122

0 500 m

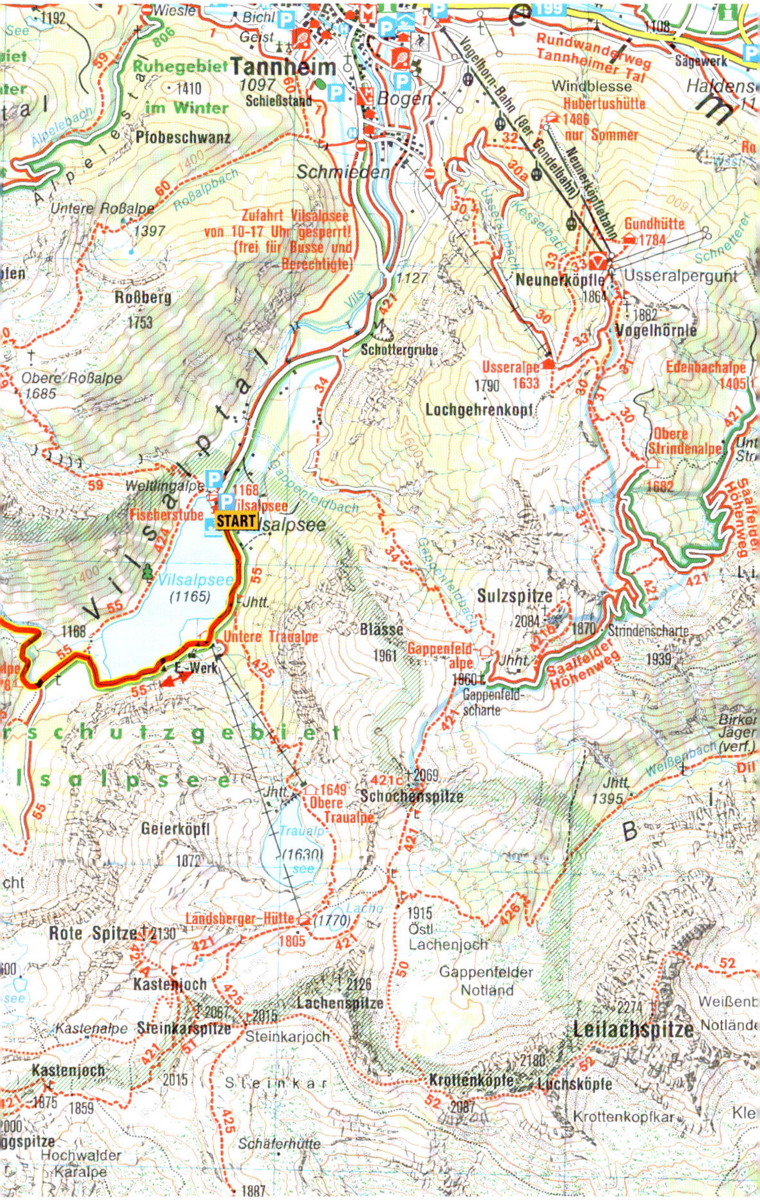
Tannheim
1097
Schießstand
Bogen
Schmieden
Geist
Bichl
Wiesle
1192
Ruhegebiet
im Winter
1410
Pfobeschwanz
Älpelebach
Alpelestal
Untere Roßalpe
1397
Roßalpbach
Zufahrt Vilsalpsee
von 10-17 Uhr gesperrt!
(frei für Busse und
Berechtigte)
Roßberg
1753
Obere Roßalpe
1685
Vilsalptal
Weltlingalpe
Fischerstube
1168
Vilsalpsee
START
Vilsalpsee
(1165)
Jhtt.
Untere Traualpe
E.-Werk
1127
Vils
Schottergrube
Gappenfeldbach
Vogelhorn-Bahn (Ger. Gondelbahn)
Neunerköpflebahn
Rundwanderweg
Tannheimer Tal
Sägewerk
Haldensee
Windblesse
Hubertushütte
1486
nur Sommer
Usseralpbach
Kesselbach
Gundhütte
1784
Neunerköpfle
1864
Usseralpergunt
Schnetterer
1882
Vogelhörnle
Usseralpe
1790
1633
Lochgehrenkopf
Edenbachalpe
1405
Obere
Strindenalpe
1682
Saalfelder
Höhenweg
Sulzspitze
2084
1870
Strindenscharte
1939
Blässe
1961
Gappenfeld-
alpe
Jhtt.
1960
Gappenfeld-
scharte
Birkenjäger
(verf.)
Weißenbach
Jhtt.
1395
Naturschutzgebiet
Vilsalpsee
Geierköpfl
1072
Jhtt.
1649
Obere
Traualpe
Traualpsee
(1630)
Schochenspitze
2069
Landsberger-Hütte
(1770)
1805
Lache
1915
Östl.
Lachenjoch
Gappenfelder
Notland
Rote Spitze
2130
Kastenjoch
2126
Lachenspitze
2067
2015
Kastenalpe
Steinkarspitze
Steinkarjoch
2274
Leilachspitze
Weißenbacher
Notländer
Kastenjoch
2015
Steinkar
2180
Krottenköpfe
Luchsköpfe
1875
1859
2087
Krottenkopfkar
Hochwalder
Karalpe
Schäferhütte
1887

8. Schochenspitze, 2069 m

Königlicher Hüttenstandpunkt und Blumengipfel

Ausgangspunkt: Tannheim/ Gasthaus Vilsalpsee, Bushaltestelle (Parkplatz), 1168 m; Zufahrt von 10–17 Uhr gesperrt | **Charakter:** Für die kurze gesicherte Steiganlage zur Landsberger Hütte ist Trittsicherheit erforderlich. Längere steile Aufstiege. Gut bezeichnete Steige, zu Beginn Wirtschaftsweg | **Einkehr:** Obere Traualpe und Landsberger Hütte | **Karte:** KOMPASS Nr. 4

Mittel | 10,5 km | 901 hm / 901 hm | 5,75 Std.

Wir rüsten uns am **Gasthaus Vilsalpsee** zu einem der schönsten Hüttenaufstiege der Allgäuer Alpen. Ein zunächst geteerter Wirtschaftsweg führt am Ostufer des gleichnamigen Bergsees zu einer kleinen Jagdhütte. Dort begeben wir uns auf den zum Teil mit Holzstufen angelegten Steig Richtung Landsberger Hütte. In anstrengender Manier mühen wir uns durch den Wald hinauf, queren eine Bachrinne und kommen auf der folgenden Lichtung unter einem in zarten Silberfäden über die Abbrüche der Blässe rieselnden Wasserfall vorbei.

Vor einem unfreundlichen Felsriegel steigen wir durch die Krummholzzone empor und haben uns nach der Hangquerung am Fuß eines mehrstufigen Wasserfalls mit knackigen Kehren anzulegen. Hübsche Seetiefblicke und die Aussicht zum Gaishorn zwingen zu Pausen. Wir kommen zur Karschwelle des Traualpsees, wo die **Obere Traualpe** steht. Schiffsbugartig wölbt sich die Rote Spitze auf.

Eine Erholungsetappe führt unter der Steilflanke der Schochenspitze über Weideböden, bevor bei einem weiteren Wasserfall zwischen letzten Fichten und Zirben ein langer und schweißtreibender, drahtseilgesicherter Felssteig ansetzt.

Auf pfiffige Art und Weise überlistet dieser die abweisende obere Karschwelle mit der **Landsberger Hütte**, überragt von der trutzigen Lachenspitze. Der Steig Richtung Schochenspitze, der Saalfelder Höhenweg, quert hinter der Lache eine Schutthalde und überwindet in angenehmer Steigung den Grashang zu einem Sattel, **Östliches Lachenjoch** genannt. Nach einem Flachstück wandern wir durch eine grüne Mulde hinauf zum Schochensattel und erreichen in wenigen Minuten über den

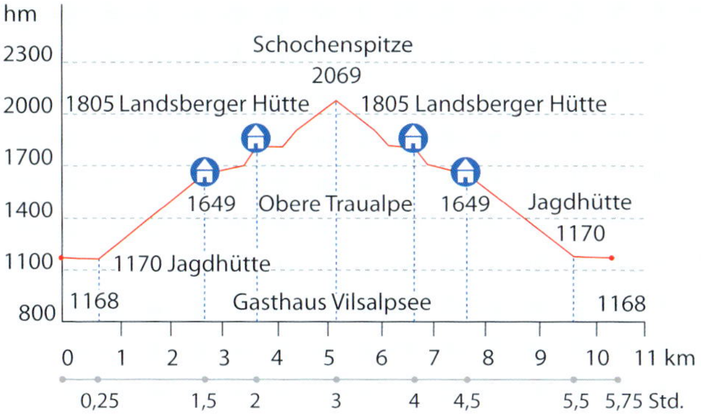

nicht besonders steilen Ostrücken die **Schochenspitze**. Jenseits des Birkentals mit den zirbengeschmückten Gappenfeldern wachsen die Leilachspitze und die kecken Felszähne des Luchskopfgrates in den Himmel, dahinter grüßen die Lechtaler Alpen.

Traualpsee mit Gaishorn.

Stuiben-Sennalpe
(Mittlere Stuibenalpe)
Stuibenalpe
1782
1998
B'schießer
2045
Ponten
Güntle
Pontental
Jhtt.
Schutz-
hütte
Ruhegebiet
im Winter
Älpelestal
Älpelebach
1990
Rohnenspitze
Rohnenschrofen
Älpele
1526
Untere Roßalpe
Bergwacht-
hütte
Zirleseck
1872
Schnurschrofen
1900
Feldalpe
Zererköpfle
Feldalpe
Obere Roßalpe
1685
Bachholz
Willersalpe
1459
1444
Auf den Sätzen
Jubiläumsweg
1946
Willersbach
Vogelholz
1703
Älpele
Berggrundalpe
2212
2247
Gaishorn
1898
Geißeckjoch
2088
Gernkopf
Hinterbachhof
Schwarztaufen
Konstanzer
Jägerhaus
940
Gernalpe
(verfallen)
Aueles-
wände
Auelesgasse
Taufersberg
Gernbach
Natur-
denkmal
2241
Rauhhorn
Schäferkopf
1793
Schäferhütte
Vilsalpe
1178
1168
938
Auelesbrücke
Naturschutzgebiet
Vilsalpe
Eisen-
breche
Jhtt.
Taufersalpe
(verf.)
Taufersbach
Auelesgern
Aussichtskanzel
Hintere
Schafwanne
1965
2126
Kugelhorn
Bärgacht
Erzberggern
Die Seuchen
Diensthütte
Auf dem Falken
Knappenkopf
Rote Spitze
Vorderer
Erzberghof
1066
1905
2071
Schreckenhütte
(verf.)
1764
1600
1030
Im Älpele
Rastwald
Älpelekopf
2024
Kirchendachsattel
Alpsee
1927
Auf der Rast
(1813)
Kastenalpe
Schrecksee
Kirchendach
Kastenjoch
2013
Kastenkopf
Remsgern
Erzeck
In der Schiene
Saalfelder
Höhenweg
1875
1859
2000
Schienenhütte
1611
Schreckenjöchle
2129
2135
Kälbelespitze
Kalbleggspitze
Lahnerkopf
1988
Lahnerscharte
Hochwalderkar
Hochwalder
Karalpe
Mitterhof
1399
2122
Hinterkar
1973
Roßkopf
KOMPASS
0 500 m

Tannheim
1097
Schießstand
Bogen
Schmieden
Rundwanderweg Tannheimer Tal
Sägewerk
Schaukäserei
Haldensee
1130
Windblesse
Hubertushütte
1486
nur Sommer
Rotflüh
Vogelhorn-Bahn (6er Gondelbahn)
Neunerköpflebahn
Gundhütte
1784
Neunerköpfle
1864
Usseralpergunt
1882
Vogelhörnle
Usseralpe
1633
1790
Lochgehrenkopf
Edenbachalpe
1405
Obere Strindenalpe
1682
Untere Strindenalpe
Saalfelder Höhenweg
Zufahrt Vilsalpsee von 10-17 Uhr gesperrt! (frei für Busse und Berechtigte)
Roßalpbach
Pfobeschwanz
1410
im Winter
1127
Schottergrube
Vilsalpsee
1168
START
Vilsalpsee
(1165)
Jhtt.
Untere Traualpe
E.-Werk
Blässe
1961
Gappenfeldalpe
1860
Gappenfeldscharte
Sulzspitze
2084
1870
Strindenscharte
1939
2068
1956
Birkentaler Jägerhütte (verf.)
Dillinger Weg
Höflish
Weißenbach
Jhtt.
1395
1649
Obere Traualpe
Schochenspitze
2069
Traualpsee
(1630)
Geierköpfl
1872
Landsberger-Hütte
1805
(1770)
1915
Östl. Lachenjoch
2130
2126
Lachenspitze
Gappenfelder Notländ
Leilachspitze
2274
Weißenbacher Notländer Kar
2060
2180
Krottenköpfe
Luchsköpfe
2087
Krottenkopfkar
Kleine Notländ
Steinkarspitze
2067
2015
Steinkarjoch
Steinkar
2015
Schäferhütte
1887

9. Obere Strindenalpe und Haldensee

Beschaulich vom Berg ins Tal

Ausgangspunkt: Tannheim, Bushaltestelle am Kreisverkehr im östlichen Ortsteil (Parkplatz), 1100 m | **Charakter:** Außer dem problemlosen, gesicherten Steilaufschwung am Neunerköpfle keine Aufstiege. Gut beschilderte Alp- und Wirtschaftswege, kurzer Steig und Pfadabschnitt | **Einkehr:** Obere Strindenalpe, Edenbachalpe, in Haldensee (kleiner Abstecher) | **Karte:** KOMPASS Nr. 4

Leicht | 12 km | 84 hm / 764 hm | 3,5 Std.

Diese unbeschwerte Rundtour mit Aufstiegshilfe erschließt das beliebte Bergreich über dem zentralen Tannheimer Tal. Die Gondel der Vogelhornbahn schaukelt uns von Tannheim zur **Bergstation** (in der Nähe die Gundhütte). Ein Steig leitet in Kürze über einen drahtseilgesicherten Steilaufschwung zum begrünten **Neunerköpfle** mit ausgezeichnetem Rundblick.

Nach unbedeutendem Pfadabstieg in einen Sattel quert man den locker bewaldeten Westhang des Vogelhorns und gelangt über einen sanft fallenden Graskamm, die Sulzspitze vor Augen, bergab in einen weiteren Sattel. In zwei Alpwegschleifen erreicht man über ein Weidegebiet die **Obere Strindenalpe**. Jenseits des hintersten Strindentals baut sich das Massiv des Litnisschrofens mit seinen öden Schuttkaren auf.

KOMPASS INFO

Im Gebäude des Tourismusverbandes in Tannheim können auch Anfänger und Kinder an einer modern eingerichteten, pfiffigen Kletterwand ihren Mut unter Beweis stellen. Bergrettung und Bergwacht haben in der mehr als 10 m hohen Kletteranlage mit einer vertikalen bis stark überhängenden, 130 m² großen Aktionsfläche 25 spannende Routen unterschiedlicher Schwierigkeitsgrade eingerichtet und farblich gekennzeichnet. Es besteht die Möglichkeit, die gesamte Ausrüstung vor Ort zu leihen. Die ganz Kleinen können während der elterlichen Schwerkraftverleugnung in derselben Halle den kostenlosen Kindergarten mit Spielplatz testen.

Öffnungszeit: Montag–Freitag 8.00–17.00 Uhr.

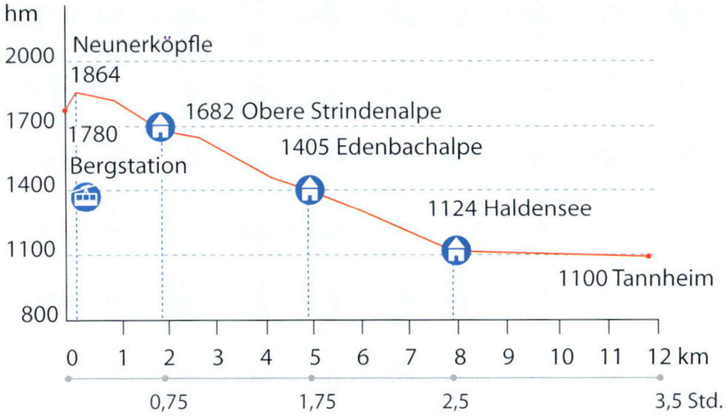

Serpentinen schlängeln sich nach einem Flachstück in den wildromantischen Talschluss. Wir queren am unteren Rand der Krummholzzone den Strindenbach und bummeln talauswärts an der Unteren Strindenalp vorbei und über weitere Alpweiden.

Unterhalb der **Edenbachalpe** müssen wir nochmals das Bachufer wechseln. Über dem bald tief eingeschnittenen Wildbach verengt sich das nun waldige Hochtal. Nach einem in den Fels gesprengten Wegstuck erwarten uns reizvolle Ausblicke in die nahe Südwand der Roten Flüh sowie zum spitzen Aggenstein. Eine Schleife bringt uns zurück ins Tannheimer Tal und hinter der Strindenbachbrücke folgt ein kleiner Abstecher zum **Haldensee**.

Zurück an der Brücke halten wir uns auf einem zu Beginn geteerten Wirtschaftsweg Richtung Tannheim. Am Ortsanfang von Haldensee folgen wir dem aussichtsreichen und bequemen Rundwanderweg, auch Wiesenweg genannt. Anfangs in der Talsohle, später etwas oberhalb dieser, gelangt man mit Einsteinblick wieder nach **Tannheim**.

Haldensee mit Roter Flüh.

Zöblen
Tannheim
Untergschwend
Kienzen
Neukienzen
Innergschwend
Berg
Bogen
Schmieden
Vilsalpsee
Vilsalptal
START
Neunerköpfle
Vogelhorn-Bahn (8er Gondelbahn)
Neunerköpflebahn
Hubertushütte 1486 nur Sommer
Usseralpe 1633
Lochgehrenkopf
Sulzspitze 2084
Gappenfeldalpe
Gappenfeldscharte
Schochenspitze 2069
Obere Traualpe 1649
Untere Traualpe
Traualpsee (1630)
Geierköpfl 1872
Roßberg 1753
Untere Roßalpe 1397
Obere Roßalpe 1685
Schnurschrofen 1900
Feldalpe
Naturschutzgebiet Vilsalpsee
Zufahrt Vilsalpsee von 10-17 Uhr gesperrt! (frei für Busse und Berechtigte)
Ruhegebiet im Winter
Rundwanderweg Tannheimer Tal
Drei-Täler-Radrundweg
Saalfelder Höhenweg
Berger Berg 1356
Vilsalpsee (1165)
Fischerstube
Weltlingalpe
Vilsalpe 1178
Blässe 1961
Schottergrube
Pfobeschwanz
Sonnleiten
Windblesse
Leutner
St.Leonhard
Achrain
Heimatmuseum
Wiesle
Bichl
Geist
Schießstand
Zugspitzblick
Hinteregg
Moosalpe

0 500 m

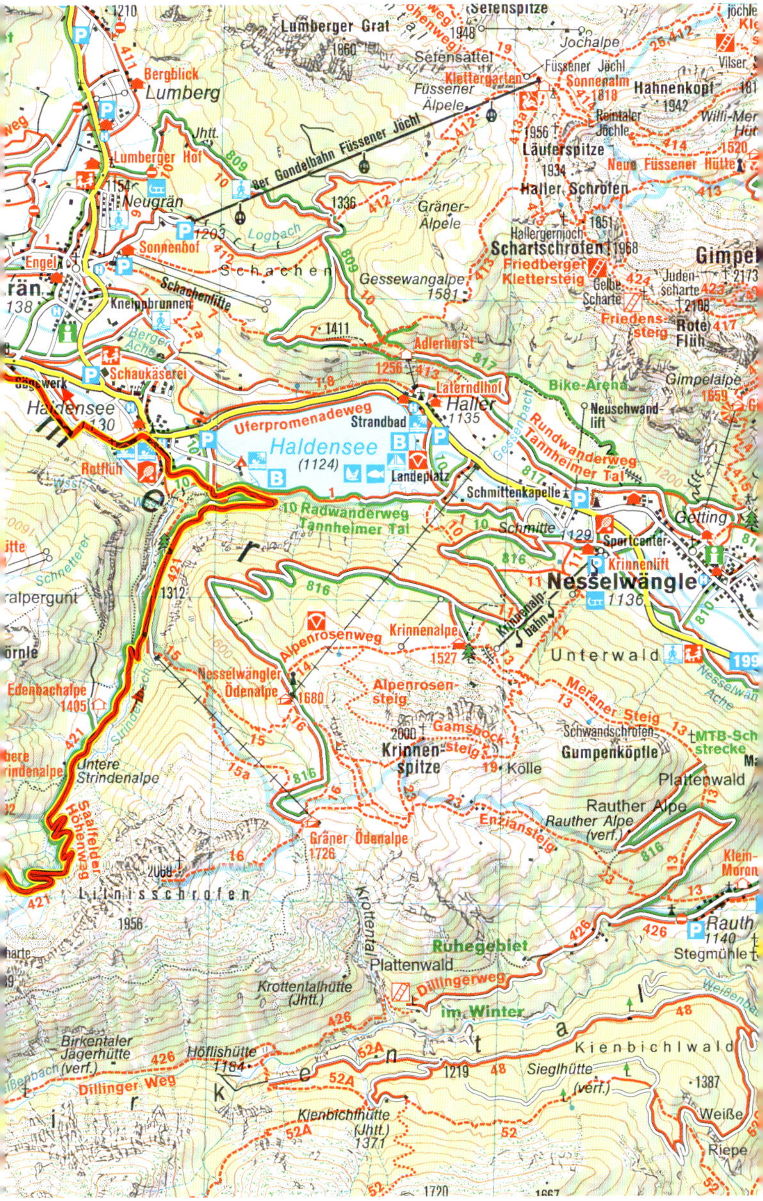

Lumberger Grat
Sefenspitze
Sefensattel
Füssener Älpele
Füssener Jöchl
Jochalpe
Klettergarten
Sonnenalm
Hahnenkopf
Vilser
Reintaler Jöchle
Läuferspitze
Neue Füssener Hütte
Haller Schrofen
Hallergernjoch
Schartschrofen
Friedberger Klettersteig
Gelbe Scharte
Judenscharte
Friedenssteig
Rote Flüh
Gimpelalpe
Bergblick
Lumberg
Lumberger Hof
Neugrän
Gondelbahn Füssener Jöchl
Gräner-Älpele
Logbach
Sonnenhof
Engel
Schachen
Schachenlifte
Gessewangalpe
Kneippbrunnen
Berger Ache
Schaukäserei
Adlerhorst
Laterndlhof
Bike-Arena
Haldensee
Haller
Neuschwand-lift
Uferpromenadeweg
Strandbad
Haldensee
(1124)
Landeplatz
Rundwanderweg Tannheimer Tal
Gessenbach
Rotflüh
Radwanderweg Tannheimer Tal
Schmittenkapelle
Schmitte
Getting
Sportcenter
Krinnenlift
Nesselwängle
Krinnenalpbahn
Alpenrosenweg
Krinnenalpe
Unterwald
Nesselwängler Ödenalpe
Alpenrosensteig
Meraner Steig
Schwandschrofen
Gumpenköpfle
Edenbachalpe
Gamsbocksteig
Krinnenspitze
Kölle
Plattenwald
Untere Strindenalpe
Saalfelder Höhenweg
Rauther Alpe
Rauther Alpe (verf.)
Enziansteig
Gräner Ödenalpe
Litnisschrofen
Krottental
Ruhegebiet im Winter
Plattenwald
Dillingerweg
Rauth
Stegmühle
Krottentalhütte (Jhtt.)
Birkentaler Jägerhütte (verf.)
Höflishütte
Dillinger Weg
Kienbichlwald
Sieglhütte (verf.)
Kienbichlhütte (Jhtt.)
Weiße
Riepe

10. Einstein, 1866 m

Auch Schattenseiten haben ihre Reize

Ausgangspunkt: Grän/Staatsgrenze, Bushaltestelle Deutsch-Österreichische Grenze (Parkplatz), 1015 m | **Charakter:** Für die leichte, dürftig gesicherte Kletterei (I) in unzuverlässigem, abschüssigem Schrofengelände zum Kamm ist Trittsicherheit und große Sorgfalt notwendig. Längere Steilaufstiege. Gut bezeichnete Steige und Pfade, kurze Abschnitte auf Forstweg und über weglose Weiden. Im Spätherbst ungeeignet, Vorsicht bei Nässe
Einkehr: Keine | **Karte:** KOMPASS Nr. 4

Schwer | 7,5 km | 851 hm 851 hm | 5,25 Std.

Unser mit kniffligen Schrofenpartien gewürzter Nordaufstieg zum isoliert stehenden Felsgipfel zwischen Engetal und Tannheimer Tal startet bei der Bushaltestelle an der **Staatsgrenze**. Auf der südlichen Straßenseite lenkt an einem Stadel der Wegweiser „Einstein" über eine weglose Weide. Gleich darauf schwingt sich ein meist spürbarer Steig über teilweise vom Windwurf gelichtete Waldhänge empor. An der Gabelung nach einer kurzen flachen Forstwegetappe beachten wir das gewohnte Schild.

Vor uns erhebt sich der Schönkahler, hinter uns besticht die rassige Felszinne des Aggensteins. Noch eine erholsame Serpentine, dann wechselt die Route in einen Ziehweg, wenig später wieder in einen Steig. Auf einer Geländestufe mit bescheidenen Weideböden steht die kleine **Einsteinhütte**, über uns das schroffe Gipfelziel. Die nun folgende ganz kurze Grasspur wird in einem Waldfleck von einem Pfad abgelöst. Es schließt sich ein erholsames, größeres Alpgebiet an. Ab der nächsten Verebnung treibt der über eine geröll-durchsetzte Flanke kletternde Zickzacksteig aber unweigerlich die Schweißperlen auf die Stirn. Unter dem Felsfuß queren wir nach Osten. Darauf verlangt die hohe Stufe im linken Bereich einer etwas abschreckenden Schrofenpassage eine leichte, aber dennoch aufmerksame Klettereinlage (I).

Die bald danach auftauchende, mit uralten Drahtseilknoten entschärfte Felsplatte setzt nochmals bedächtige Kletterei (I) mittels unangenehm knapper und dazu abgespeckter Tritte voraus. Besser umgeht man diese Gefahrenstel-

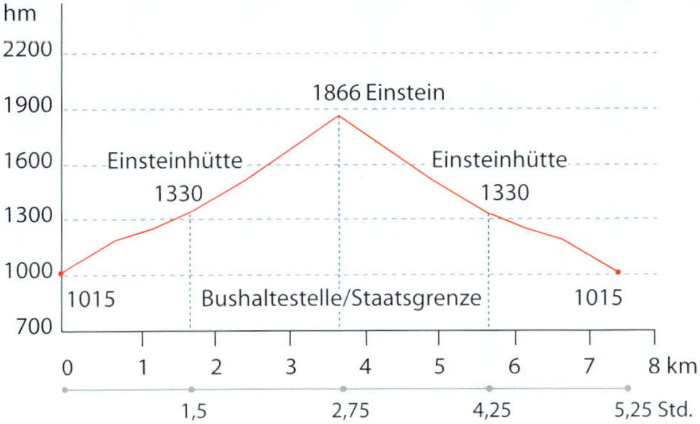

le mit entsprechender Bedachtsamkeit links über recht brauchbare Graspolster. Zuletzt wagt man sich dann ohne weitere Schwierigkeiten über die respekteinflößende, abschüssige Nordseite des Kammes. Kurz darauf mündet unser Kurs in den Anstiegsweg von Tannheim. Zwischen Latschen leiten einfache, reizvolle Felsstufen über den Südostrücken zum **Einstein**, der dank seiner Alleinherrschaft eine vortreffliche Aussichtswarte abgibt.

Unter dem Gipfelaufbau des Einsteins treffen die beiden unterschiedlich schweren Aufstiege über die Süd- und die Nordseite zusammen.

Tatzenrieskopfl
1224
Sorgschrofen
Nesselhöfle
Schranzschrofen
1110
Kälberhofalpe
Vils
Roter Erzbach
Höllthal
1304
Schönoibbach
Die schönen Oiben
Ressermändleskopf
1267
Bärenmoosalpe
1258
Fallmühle
975
Saliterbach
1058
Schwänd
Brenteneck
Auf dem vorderen-
1515
Auf dem hinteren-
1525
Achsele
Kahlerbach
Hölltal
Pfrontner Wald
1688
Schönkahler
1010
START
Kolbachfall
1456
Pfrontner Alpe
1561
Jhtt.
Steiniger Bach
Pirschling
1634
Wildes Bachtl
Einsteinhütte
Rehbichl
Kotbach
1298
Kappler Berg
Wiesler Berg
1465
Alter Hof
Mittelberg
1547
Rundwanderweg Tannheimer Tal
Vilsfall
1535
Einstein
1866
Lohmoos
Frickler Berg
Haldenberger Alpe
Kappl
1058
Wies
1074
Zöbler Berg
Steinsbach
Steinswand
Bärenalm
Fricken
Wildgehege
Marienkapelle
Zugspitzblick
1300
Obere Wildfütterung
Untere Halde
Berger Berg
1356
Schießstand
Zöblen
Cafe
1087
Kienzerle
Untergschwend
Katzensteig
Pontental
Flegelmühle
Leutner
1095
St. Leonhard
Berg
Tannheimer Tal Radweg
Vils
Achrain
Kienzen
Fischteich
Greiterweiher (Fischteich)
Heimatmuseum
1091
199
Neukienzen
Rohnenlift
Rundwanderweg Tannheimer Tal
1192
Wiesle
Bichl
Geist
Höfer See
Schutzhütte
Ruhegebiet im Winter
Ruhegebiet im Winter
Tannheim
1097
1410
Schießstand
Älpelestal
Älpelebach
Pfobeschwanz
1990
Rohnenschrofen
Schmieden
KOMPASS
0 500 m

Breitenberg
Tiroler Stadl
1265
Ostlerhütte
1838
Unterer Breitenberg
1500
Hochalpe
Berghaus Allgäu
Hochalpbahn
Hochalphaus
1509
Breitenbergbahn
Reichenbachklamm
1220
Aggensteinlift
Acker
1680
Der laute Graben
GEOpfad
NSG
Plattenbach
Kanzel
Roter-Stein-A
Seekopf
1392
Aggenstein
1985
Adratsbach
1242
Diensthütte
Auf der Platte
1821
Achsel
Bad Kissinger Hütte
(ehem. Pfrontner Hütte)
1788
Tannheimer Höhenweg
Brentenjoch
2001
Roßberg
Seealpe
1064
Seewald
Drei-Täler-Radrundweg
Aggenstein-
wiesen
Engetal
Seebach
Vilser Jöchl
1718
Seebenalpe
Seichenkopf
1864
Gräner Höhenweg
Tannheimer Höhenweg
Sebental
1948
Sebenspitze
Rappenschrofen
1551
1110
Enge
1210
Lumberger Grat
1860
Sefensattel
Klettergarten
Füssener Älpele
Ruhegebiet
Moosalpe
im Winter
Bergblick
Lumberg
Hinteregg
Rundwanderweg Tannheimer Tal
Vaterunserweg
Lumberger Hof
Gondelbahn Füssener Jöchl
Sonnleiten
Drei-Täler-Radrundweg
Neugrän
1154
1203
Logbach
1336
Gräner-Älpele
Innergschwend
Engel
Sonnenhof
Berger Ache
Gran
1138
Schachen
Schachenlifte
Kneippbrunnen
Gessewangalpe
1581
1411
Adlerhorst
199
1108
Rundwanderweg Tannheimer Tal
Sägewerk
Schaukäserei
1256
Laterndlhof
Vogelhorn-Bahn
Windblesse
Hubertushütte
1486
nur Sommer
Haldensee
1130
Uferpromenadeweg
Strandbad
Haldensee
(1124)
Landeplatz
Haller
1135
Rotflüh

11. Brentenjoch, 2001 m und Roßberg, 1945 m

Einsamer Charakterberg in vorderster Front

Ausgangspunkt: Grän, Bushaltestelle Lumberger Hof am nördlichen Ortsrand, 1154 m; Parkplatz kurz vorher | **Charakter:** Für den Roßberg-Übergang mit leichten, ausgesetzten Kletterstellen (I) in festem Fels und den Westgratabstieg sind Trittsicherheit und Schwindelfreiheit erforderlich. Kurze Steilstücke. Steige und Pfad zum Teil bezeichnet, anfangs Forstweg. Nur für Erfahrene, Vorsicht bei Nässe! | **Einkehr:** Seebenalpe | **Karte:** KOMPASS Nr. 4

Schwer | 10,5 km | 903 hm / 903 hm | 6,25 Std.

Der Aufstieg zu dem nordseitig wuchtigen Doppelgipfel in den Vilser Bergen beginnt am Lumberger Hof in **Grän**. Wir folgen dem Sträßchen zum Ortsteil Lumberg und halten unterm Seichenkopf auf den Aggenstein zu. Kurz vor Enge wählen wir den Forstweg über Weiden Richtung Bad-Kissinger-Hütte. Ein spürbar steigender Steig kürzt durch Fichtenwald ein paar Kehren ab.

Das Schild „Seebenalpe" weist erneut auf den Forstweg, den wir gleich wieder auf einem Pfad verlassen. Dieser kreuzt wenig später nochmals den breiten Weg.

Anschließend schleichen wir hinein in das dicht bewaldete Tälchen des Seebachs. Ein Steg wechselt das Bachufer, dann steigt der Kurs wieder deutlicher an. Vom Waldende ist es nicht mehr weit zur kleinen **Seebenalpe** auf einer Karschwelle, umrahmt von mehreren Berggipfeln.

Ein Steig bringt uns zwischen Krummholz und letzten Fichten ins **Vilser Jöchl**. Mit Ausblicken zum Forggensee und zu den Tannheimer Kalkzacken folgt durch eine Latschengasse eine ostseitige Hangquerung, bevor der zunehmend freiere, zuletzt geröllbedeckte Südrücken auf das **Brentenjoch** leitet. Auf einem undeutlichen Steig folgen wir nun dem latschenbewachsenen, ab und an leicht schrofigen Nordostgrat. Beim Aufstieg zu einer kleinen Zwischenerhebung wird eine unangenehme Felspartie an einer Verschmälerung links mittels zuverlässiger Tritte etwas ausgesetzt umgangen.

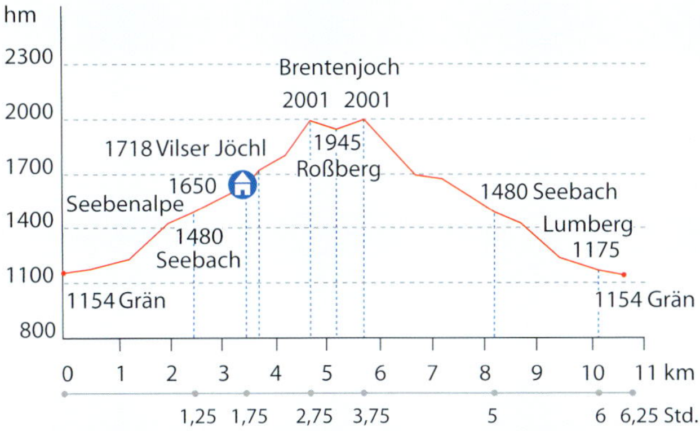

Vor einem schwierigen, fast senkrechten Abbruch zwingt eine Umgehung rechts in abschüssigem Gelände zu einer leichten, solide gestuften Kletterei (I). Über einen einfachen Rücken gelangt man zum vorspringenden **Roßberg**.

Zurück auf dem **Brentenjoch**, führt ein teilweise erdiger Steig über den anfangs flachen Westgrat. Später amüsiert der dichte, ausgeschneiste Latschenwuchs. Im Bereich der Abstürze sollte man Vorsicht walten lassen. Erst im Sattel vor dem Aggenstein mündet der Abstieg links wieder in eine markierte Route. Nach unwesentlichem Gegenanstieg wandern wir über einen Weidehang und durch lichten Wald zum bekannten Weg nach **Grän**.

Roßberg vom Brentenjoch.

KOMPASS

0 500 m

Reichenbach-klamm
1220
Scharpaweg
Gschwander
Rundwanderweg Ostallgäu-Tirol
Vils
Mühlviertel
816
Gschrietweg
Angerwies
412
Heimatmuseum
VILS
(826)
Hochalpe
Berghaus Allgäu
Im Eidra
872
Jhtt.
Roter Stein
Roter-Stein-Alpe
1547
Werk-Fall
Lehbach
835
Galgenberg
Plattenbach
Zitterbach
Kalksteinbruch
Kanzel
Alpstrudelfall
Sandtal
16
(nur im Wi
Konrads
hütt
Oberbodenkopf
Auf der Platte
Roßbach
Achsel
1945
Roßberg
Vilser Schrofen
Kühbach
Brentenjoch
Vilser Kegel
1831
Vils
Vilser Alpe
1228
1600
23
Hundsarschalpe
Vilser Jöchl
Daurachalpe
Hundsarschjoch
Wildböden
(Luskopf)
Seebenalpe
1718
Jhtt.
Karrertal
Gruppe
1803
Sebenkopf
1948
Sebenspitze
Gräner Höhenweg
Tannheimer Höhenweg
Sebental
1355
Schlagstein
Große-
Schlicke
2059
Karretschrofen
Karrejöchle
1948
2034
1974
Sefenspitze
Lumberger Grat
Bugschrofe
1860
1948
Jochalpe
Klettersteig
Kleine-
Sefensattel
Füssener Jöchl
Vilser Scharte
Klettergarten
Sonnenalm
1818
Hahnenkopf
1817
Füssener Älpele
1942
Reintaler Jöchle
Willi-Merkl-Hütte
1530
Otto-Mayr-Hütte
Jägerhütte
Gondelbahn Füssener Jöchl
1956
Läuferspitze
1520
Neue Füssener Hütte
839
Alpenpflanzengarten
1290
Musauer Alm
1934
Haller Schrofen
Sababach
1336
Gräner-Älpele
1851
Hallergernjoch
Scharschrofen
1968
Gimpel
(nur für Geübte!)
Wanne
Kelle
1638
Friedberger Klettersteig
Gessewangalpe
1581
Judenscharte
2173
Gelbe Scharte
2198
Köllenspitze
2238
Friedenssteig
Rote Flüh
Nesselwängler Scharte
2007
Kellesch
2091
1411
Adlerhorst
1256
Sabachjoch
Laterndlhof
Bike-Arena
Gimpelalpe
Tannheimer Hütte
1713
420
Haller
1135
Neuschwandlift
1659
Gimpelhaus
Alpenrosenweg
1860
Strandbad
Haldensee
(1124)
Gessenbach
Rundwanderweg Tannheimer Tal
Tannheim
Landeplatz
Schmittenkapelle
10 Radwanderweg Tannheimer Tal
Schmitte
1129
Getting
Grabenbach
Schneetalalpe
Sportcenter
Krinnenlift

12. Otto-Mayr-Hütte und Vilser Scharte

Alpine Szene über dem Raintal

Ausgangspunkt: Grän (Tirol), Bushaltestelle an der Gondelbahn (Parkplatz), 1200 m | **Charakter:** Für den etwas ausgesetzten Abschnitt an der Läuferspitze ist Trittsicherheit angebracht. Längerer steiler Aufstieg zur Vilser Scharte. Gut bezeichnete Steige und Pfade | **Einkehr:** Sonnenalm, Füssener Hütte und Otto-Mayr-Hütte | **Karte:** KOMPASS Nr. 4

Mittel | 5 km | 333 hm 333 hm | 3 Std.

Bis zu stolze 700 m überragen die dolomitenartigen Tannheimer Nordwände das hintere Raintal, eines der wildesten und gleichsam romantischsten Allgäuer Hochtäler. Diese einprägsame Höhenwanderung offeriert die begeisternden Riesen-Felsenleiber aus den unterschiedlichsten Blickwinkeln.

Wir fahren von Grän mit der Gondelbahn zum Füssener Jöchl, wo auch die **Sonnenalm** steht. Ein Steig führt über eine kleine Latschenkuppe zur Gabelung an der Läuferspitze und unter deren Ostabstürzen zum Raintaler Joch, genauer gesagt knapp daran vorbei. In mitunter etwas abschüssigem Schrofengelände geht es durch eine Rinne leicht bergan zu einer Scharte. Zwischen Latschen bummeln wir westlich unterhalb des unscheinbaren Hallerschrofens entlang und mit Tiefblick ins Tannheimer Tal kurz bergab ins **Hallergernjoch** vor dem Schartschrofen. Nach dem anfänglichen Steilstück, in ein paar Pfadkehren durch eine Grasmulde talwärts Richtung Otto-Mayr-Hütte, quert man den jungen Sababach. Jenseits des Hochtals bäumt sich die Gimpel-Nordwand auf.

Man spaziert nun unter dem Hahnenkopf zwischen Fichtengruppen über dürftige Weidehänge und am Alpenblumengarten der Füssener Hütte vorbei, zur **Otto-Mayr-Hütte** am Fuß der Großen Schlicke. Ganz in der Nähe gesellt sich noch die kleine Willi-Merkl-Hütte hinzu. Als atemberaubender Felsdom baut sich die Köllenspitze auf.

Direkt an der Hütte beginnt der Steig zur Schlicke. Nach einem freien Hangstück wandert man an einer Verzweigung im lichten Wald

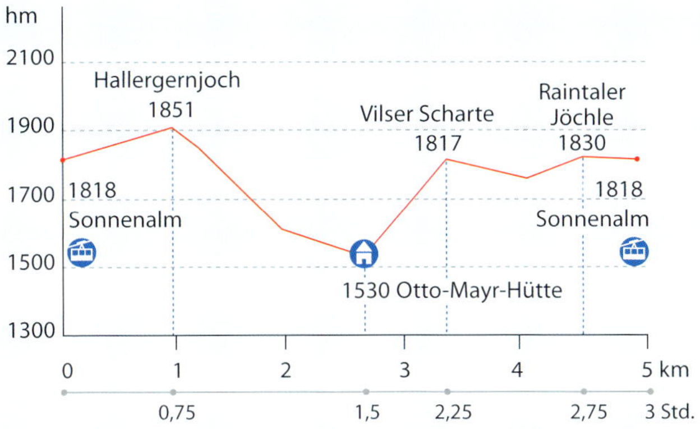

noch Richtung Schlicke und achtet an der folgenden Verzweigung auf das Schild „Vilser Sennalpe u. Vils".

Über steile Latschenhänge steigt man hinauf zur **Vilser Scharte**. Über dem Talkessel der Vilser Alp zeigt sich die hügelreiche Ost-allgäuer Moränenlandschaft. Zuletzt queren wir auf einem Pfad unter dem Schrofenkamm des Hahnenkopfs gemütlich durch Latschengassen hinüber ins **Raintaler Jöchle**, wo uns nach einem kleinen Anstieg die bekannte Route zur **Sonnenalm** bringt.

In der Vilser Scharte öffnet sich der Blick zu Sefenspitze und Sebenspitze.

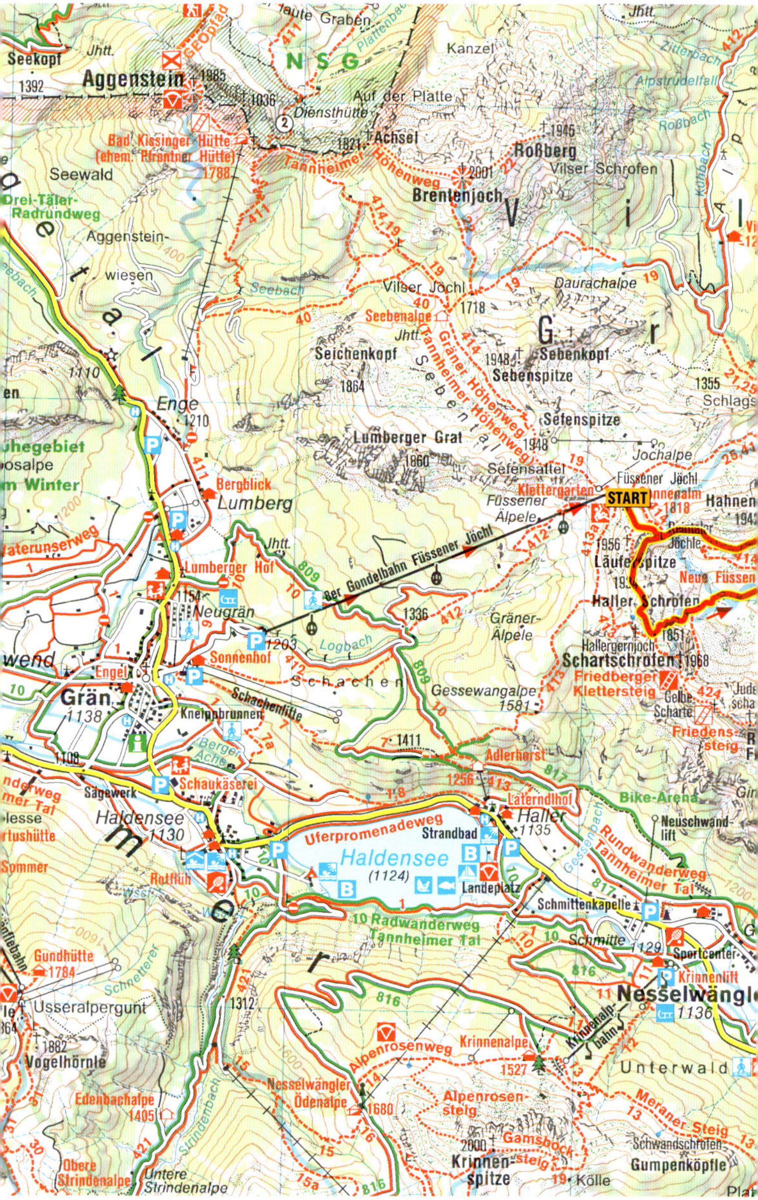

KOMPASS

0 500 m

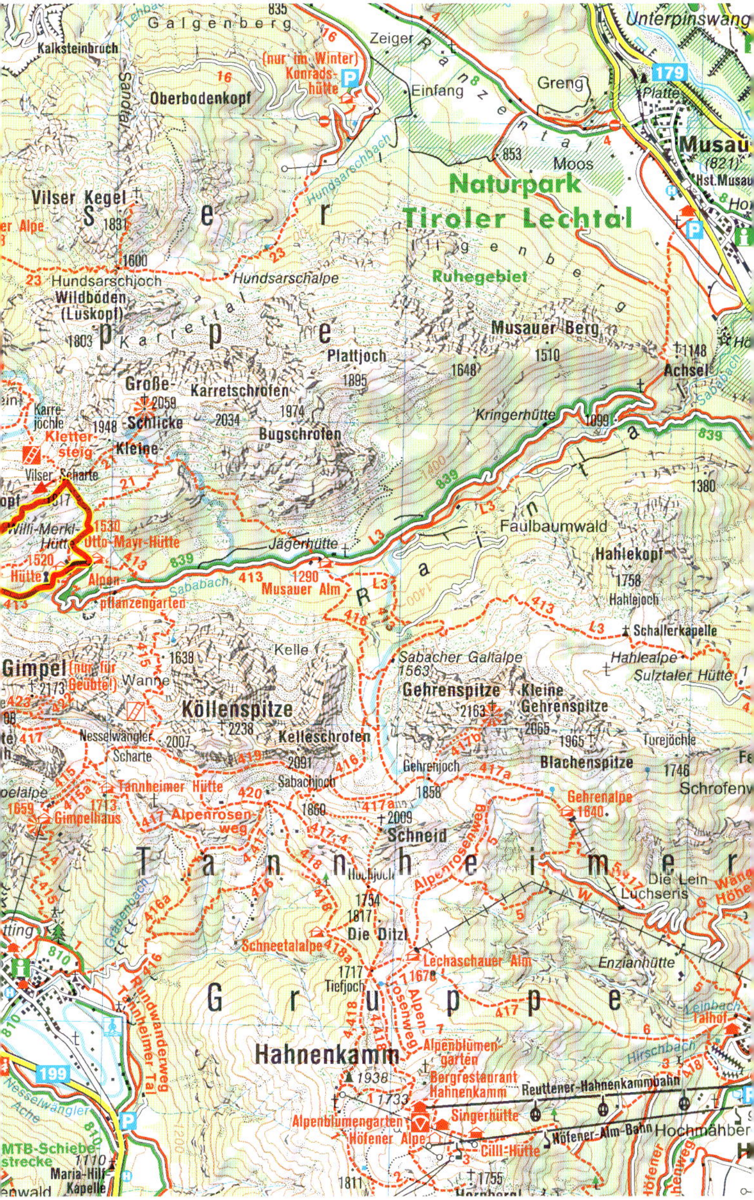
Galgenberg
Kalksteinbruch
Zeiger
Unterpinswang
(nur im Winter)
Konradshütte
Oberbodenkopf
Einfang
Greng
179
Platte
Musau
(821)
Hst.Musau
Ranzental
853
Moos
Naturpark
Tiroler Lechtal
Vilser Kegel
1831
Hundsarschbach
Vilser Alpe
Seeberge
1600
Hundsarschjoch
Hundsarschalpe
Ruhegebiet
Wildböden
(Luskopf)
1803
Karrertal
Musauer Berg
1510
Plattjoch
1895
1648
1148
Achsel
Große-
Schlicke
2059
Karretschrofen
2034
1974
Bugschrofen
Kringerhütte
1099
Karrejöchle
1948
Klettersteig
Kleine-
839
Vilser Scharte
1380
Willi-Merkl-Hütte
1530
Otto-Mayr-Hütte
Faulbaumwald
Jägerhütte
Hahlekopf
1520
Hütte
Alpenpflanzengarten
Sababach
1290
Musauer Alm
Raintal
1758
Hahlejoch
Schallerkapelle
Kelle
Gimpel
2173
(nur für Geübte!)
1638
Wanne
Sabacher Galtalpe
1563
Hahlealpe
Sulztaler Hütte
Gehrenspitze
2163
Kleine
Gehrenspitze
2065
Köllenspitze
2238
Kelleschrofen
Nesselwängler
Scharte
2007
1965
Turejöchle
Blachenspitze
2091
Sabachjoch
Gehrenjoch
1746
Schrofenw
Tannheimer Hütte
1713
1858
Gehrenalpe
1640
1659
Gimpelhaus
Alpenrosenweg
1860
2009
Schneid
Tannheimer
Hochjoch
Die Lein
Luchseris
1754
1817
Die Ditzl
Schneetalalpe
Lechaschauer Alm
Enzianhütte
Grabenbach
1717
Tiefjoch
1670
Gruppe
Rundwanderweg
Tannheimer Tal
Leinbach
Talhof
Hirschbach
Hahnenkamm
Alpenblumengarten
199
1938
Bergrestaurant
Hahnenkamm
Reuttener-Hahnenkammbahn
Nesselwängler Ache
1733
Singerhütte
Alpenblumengarten
Höfener Alpe
Höfener-Alm-Bahn
Hochmahber
Cilli-Hütte
MTB-Schiebestrecke
1110
Maria-Hilf-Kapelle
1811
1755
1200
Hornbergl

13. Rund um den Haldensee

Nachhaltige Eindrücke auch ohne Gipfelziel

Ausgangspunkt: Grän/Haldensee, Bushaltestelle in der Ortsmitte (Parkplatz), 1130 m | **Charakter:** Leichter Aufstieg, gut beschilderte Wirtschafts- und Forstwege, kurzer Pfad | **Einkehr:** In Grän, Berggasthaus Adlerhorst | **Karte:** KOMPASS Nr. 4

Leicht | 11,75 km | 240 hm / 240 hm | 3,5 Std.

Das kristallklare Bergwasser des Haldensees lockt mutige Besucher zu einem erquickenden Schwimmvergnügen. Wer Trockenübungen vorzieht, dem sei eine Umrundung empfohlen. Um die grüne Perle des Tannheimer Tals auch aus der Vogelperspektive bewundern zu können, bietet sich eine großzügige Rundwanderung auf komfortablen Wegen über das auf einer Felskante thronende Berggasthaus Adlerhorst an.

Wir gehen in der Ortsmitte von **Haldensee** ganz kurz neben der Bundesstraße Richtung Grän und zweigen vor der Kurve auf den Wirtschaftsweg über die Berger Ache ab. In einer Kneipp-Anlage kann man für die bevorstehende Unternehmung noch die Füße abkühlen.

Anschließend treffen wir in **Grän** ein. Von der Kirche bringt uns die nach Pfronten führende, leicht steigende Straße nach Neu-Grän. Hinter der Logbachbrücke beginnt der geteerte Forstweg zum Adlerhorst. Durch Wald und an kleinen Feuchtwiesen vorbei steigt dieser, eine Jagdhütte passierend, nur leicht an. An der Verzweigung beim Asphaltende queren wir eine Skiabfahrt und daraufhin den Logbach.

Die Abzweigung zur Talstation lassen wir unbeachtet und wählen an der folgenden Forstweggabelung den rechten, kurzzeitig fallenden Weg.

Wir kommen in einer weiten Schleife unter einem Windwurfhang und an einem Hochmoorflecken vorbei und steigen mit prächtigem Haldensee-Tiefblick nochmals ein wenig bergan.

Von der Bergschulter Schachen geht es ein Stück talwärts auf die gewaltige Rote Flüh zu. Nach einem flachen Pfadabschnitt gelangen wir auf einem Waldweg hinunter zum einladenden **Berg-**

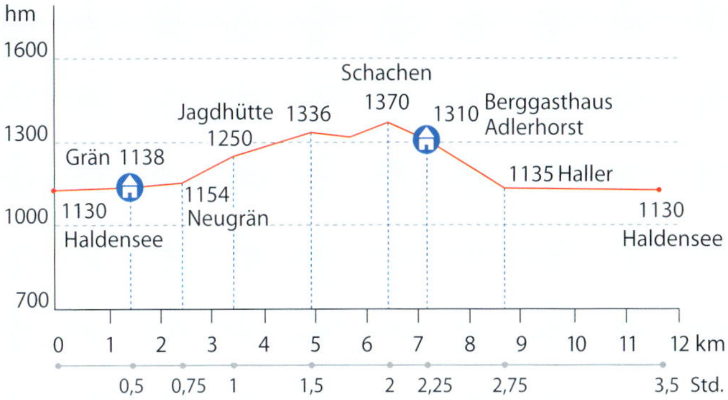

gasthaus Adlerhorst mit sehenswerter Miniaturmühle.

Der gemütliche Fahrweg bringt uns im Nu nach **Haller**. Bei der Kapelle queren wir die Bundesstraße und erreichen auf einem Wirtschaftsweg das Haldensee-Südufer, das immer wieder den Blick zu den Tannheimer Kalkriesen freigibt.

Bald nach der Strindenbachbrücke trifft man, in Richtung Tannheim haltend, wieder in **Haldensee** ein.

Beim Adlerhorst öffnet sich der Blick über den Haldensee zur Krinnenspitze.

Seealpe
1064
Seewald
(ehem. Pfrontner Hütte)
1788
Drei-Täler-Radrundweg
Einsteinhütte
Aggenstein-wiesen
Mittelberg
1547
Seebach
Einstein-alpe
Einstein
1866
Rappenschrofen
1551
1710
1110
Enge
1210
Steins-wand
Ruhegebiet
Moosalpe
im Winter
Bergblick
Lumberg
Berger Berg
1356
Hinteregg
Rundwanderweg Tannheimer Tal
Vaterunserweg
Lumberger Hof
St.Leonhard
Berg
Drei-Täler-Radrundweg
Sonnleiten
Neugrän
Kienzen
1091
Innergschwend
Berger Ache
Sonnenhof
Engel
Schachenlifte
Grän
1138
Kneippbrunnen
199
Bichl
Geist
Tannheim
1097
Schießstand
Bogen
Vogelhorn-Bahn (8er Gondelbahn)
Rundwanderweg Tannheimer Tal
Sägewerk
Windblesse
Hubertushütte
1486
nur Sommer
Haldensee
1130
START
Rotflüh
Schmieden
Neunerköpflebahn
Roßalpbach
Zufahrt Vilsalpsee
von 10-17 Uhr gesperrt!
(frei für Busse und
Berechtigte)
Usseralpbach
Kesselbach
Gundhütte
1784
Schnetterer
Neunerköpfle
1864
Usseralpergunt
1312
1127
1862
Vogelhörnle
Schottergrube
Nesselwängle
Usseralpe
1790
1633
Edenbachalpe
1405
Lochgehrenkopf
Obere Strindenalpe
Untere Strindenalpe
Strindenbach
1168
Vilsalpsee
Gappenfeldbach
1682
Saalfelder Höhenweg
2068
Vilsalpsee
(1165)
Sulzspitze
Litnisschrofen
1956

0 500 m

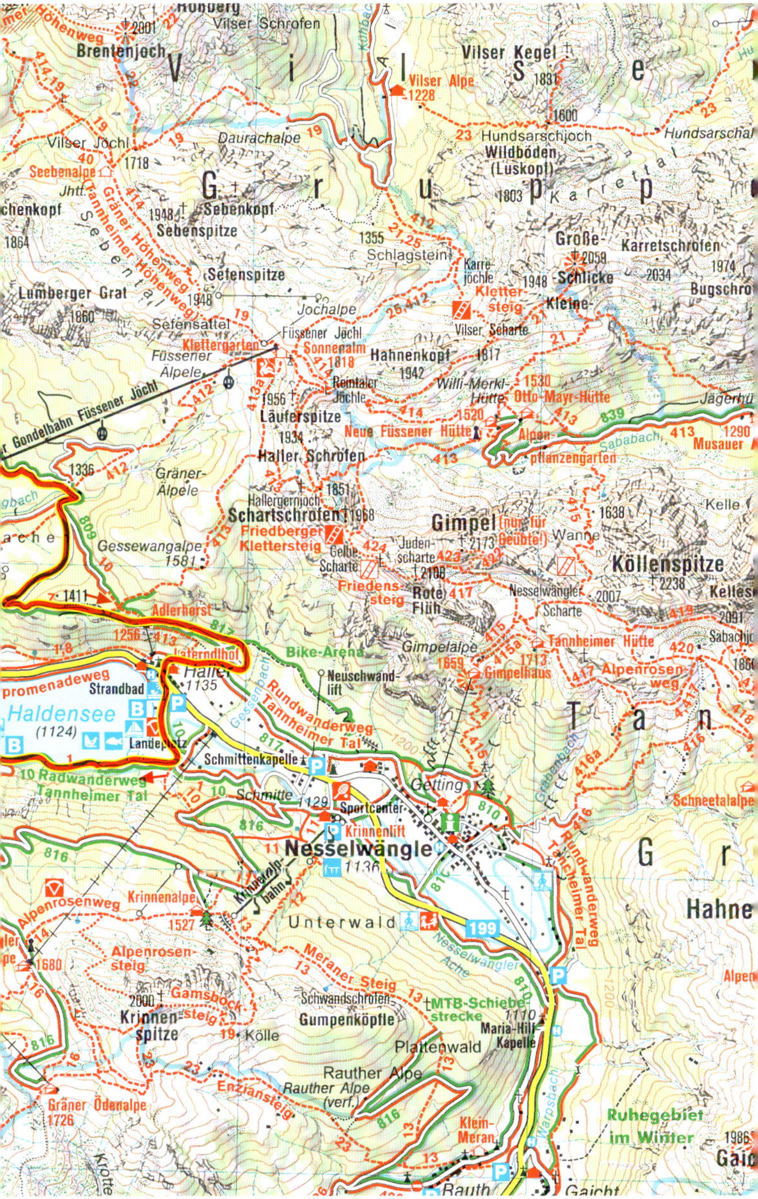
Vilser Schrofen
Brentenjoch
2001
Vilser Kegel
1831
Vilser Alpe
1228
Vilser Jöchl
1718
Seebenalpe
Jhtt.
Daurachalpe
Hundsarschjoch
Hundsarschal
Wildböden
(Luskopf)
1803
Karretal
Sebenkopf
Sebenspitze
1948
chenkopf
1864
Sebental
Gräner Höhenweg
Tannheimer Höhenweg
Schlagstein
1355
Große
Karretschroten
2059
Schlicke
Kleine
2034
1974
Bugschro
Karrejöchle
1948
Sefenspitze
Lumberger Grat
1860
Sefensattel
Jochalpe
Füssener Jöchl
Klettergarten
Sonnenalm
1818
Hahnenkopf
1942
1817
Klettersteig
Vilser Scharte
Füssener Älpele
Reintaler Jöchle
Willi-Merkl-Hütte
1530
Otto-Mayr-Hütte
1520
Neue Füssener Hütte
Jägerhü
1956
Läuferspitze
1934
Haller Schrofen
Alpenpflanzengarten
Sababach
Musauer
1290
Gondelbahn Füssener Jöchl
1336
Gräner Älpele
Hallergernjoch
1851
Schartschrofen
1968
Friedberger Klettersteig
Gimpel
(nur für Geübte!)
2173
Judenscharte
Wanne
1638
Kelle
Köllenspitze
2238
Gessewangalpe
1581
Gelbe Scharte
2108
Friedenssteig
Rote Flüh
Nesselwängler Scharte
2007
2091
Kelles
1411
Adlerhorst
1256
Gimpelalpe
1659
Gimpelhaus
1713
Tannheimer Hütte
Alpenrosenweg
Sabachjo
Bike-Arena
Neuschwandlift
Haller
1135
Zellerndlhof
Haldensee
(1124)
Strandbad
promenadeweg
Landeplatz
Rundwanderweg Tannheimer Tal
Schmittenkapelle
Radwanderweg Tannheimer Tal
Schmitte
1129
Getting
Sportcenter
Krinnenlift
Nesselwängle
1136
Krinnenalpbahn
Krinnenalpe
1527
Alpenrosenweg
Unterwald
199
Schneetalalpe
Hahne
1680
Alpenrosensteig
Meraner Steig
Nesselwängler Ache
Rundwanderweg Tannheimer Tal
2000
Gamsbocksteig
Krinnenspitze
Schwandschrofen
Gumpenköpfle
MTB-Schiebestrecke
1110
Maria-Hilf-Kapelle
Kölle
Plattenwald
Rauther Alpe
Rauther Alpe (verf.)
Enziansteig
Gräner Ödenalpe
1726
Klein-Meran
Warpsbach
Ruhegebiet im Winter
1986
Rauth
Gaicht
Krotte

14. Krinnenspitze, 2000 m

Grüne Aussichtswarte für die ganze Familie

Ausgangspunkt: Grän/Haldensee, Bushaltestelle in der Ortsmitte (Parkplatz), 1130 m | **Charakter:** Längerer mittelsteiler Aufstieg zur Gräner Ödenalpe, gut bezeichnete Steige und kurze Alpwege **Einkehr:** Gräner Ödenalpe | **Karte:** KOMPASS Nr. 4

Leicht | 10,5 km | 870 hm 870 hm | 4,5 Std.

Dass höhere Berge nicht unbedingt stundenlange Aufstiegsmühen in anspruchsvollem Felsgelände voraussetzen müssen, beweist die Krinnenspitze im äußersten Osten der so genannten Vilsalpseeberge: eine ergreifende Aussichtswarte für den Naturpark des Tiroler Lechtals.

Von der Ortsmitte in **Haldensee** begeben wir uns ins Oberdorf und schlagen bei den letzten Häusern den mit „Edenbachalm“ beschilderten Waldsteig ein. Am abenteuerlich anmutenden Ausgang der Strindenbachschlucht macht ein mehrstufiger Wasserfall mit Getöse auf sich aufmerksam. Nach einem kleinen Alpwegabschnitt richten wir uns an einer Gabelung nach dem Richtungszeiger „Gräner Ödenalpe“. Den breit gebauten Litnisschrofen vor Augen geht es in ein eng eingeschnittenes Seitentälchen hinein. An der Materialseilbahn lenkt die Markierung erneut auf einen Steig. Ein Steg trägt uns bald über einen munteren Bergbach. Dann bringen deutlicher ansteigende Viehweiden mit lockerem Baumbestand unseren Kreislauf in Schwung. Bereits jetzt zeigt sich die begrünte Krinnenspitze. Ein kurzes Fahrwegstück leitet über einen Bergsattel zur **Gräner Ödenalpe**. Scharfe Murmeltierpfiffe durchschneiden hin und wieder den Glockenklang des hier gesömmerten Jungviehs, auch eine Gruppe Pferde und eine Schafherde trifft man nahe der Alpe an.

Verhältnismäßig bequem wandern wir nun auf einem nur leicht steigenden Abschnitt zur Südschulter unseres Bergziels. Über den etwas steileren, aber völlig harmlosen und gestuften Grasrücken gewinnt man in aller Seelenruhe die **Krinnenspitze**, deren Nordflanke zum Haldensee hin ein deutlich ernsteres Gesicht aufgesetzt hat. Weit geht der Blick zur massigen Zugspitze im Osten und hinein ins Tiroler Lechtal mit seiner einzigartigen Wildflusslandschaft.

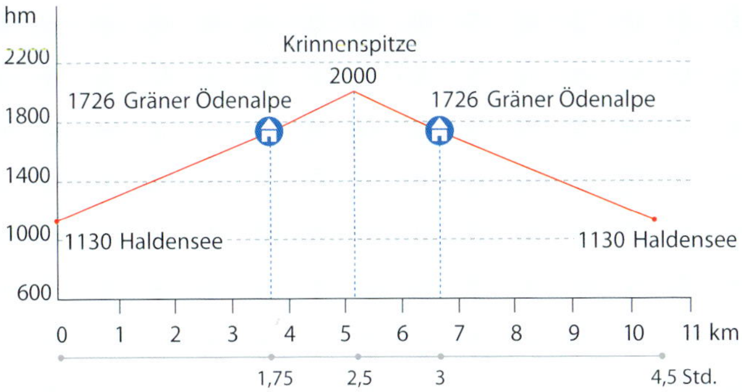

„Schafsommer" bei der Gräner Ödenalpe.

Ruhegebiet
Moosalpe
im Winter
Berger Berg
1356
Hinteregg
Steinswand
Bergblick
Lumberg
Lumberger Hof
Rundwanderweg Tannheimer Tal
Vaterunserweg
Drei-Täler-Radrundweg
Sonnleiten
St. Leonhard
Berg
Neugrän
Kienzen
Innergschwend
Berger Ache
Sonnenhof
Engel
Grän
1138
Schachenlifte
Kneippbrunnen
Tannheim
1097
Schießstand
Bichl
Geist
Bogen
Vogelhorn-Bahn
Rundwanderweg Tannheimer Tal
Windblesse
Sägewerk
Haldensee
1130
Schaukäserei
START
Rotflüh
Hubertushütte
1486
nur Sommer
Neunerköpflebahn
Schmieden
Roßalpbach
Zufahrt Vilsalpsee von 10-17 Uhr gesperrt! (frei für Busse und Berechtigte)
Gundhütte
1784
Neunerköpfle
1864
Usseralpergunt
Vogelhörnle
1882
Schottergrube
Usseralpe
1633
1790
Lochgehrenkopf
Edenbachalpe
1405
Obere Strindenalpe
1682
Untere Strindenalpe
Saalfelder Höhenweg
Strindenbach
Vilsalpsee
1168
Vilsalpsee
(1165)
Gappenfeldbach
Litnisschrofen
2068
1956
Sulzspitze
2084
1870
Strindenscharte
1939
Untere Traualpe
Blässe
1961
Gappenfeld-alpe
1860
Gappenfeld-scharte
E.-Werk
Birkentaler Jägerhütte (verf.)
Höflishütte
1184
Weißenbach
Dillinger Weg
Jhtt.
1395
1649
Obere Traualpe
Schochenspitze
2069
Traualp-
(1630)
1872
KOMPASS
0 500 m

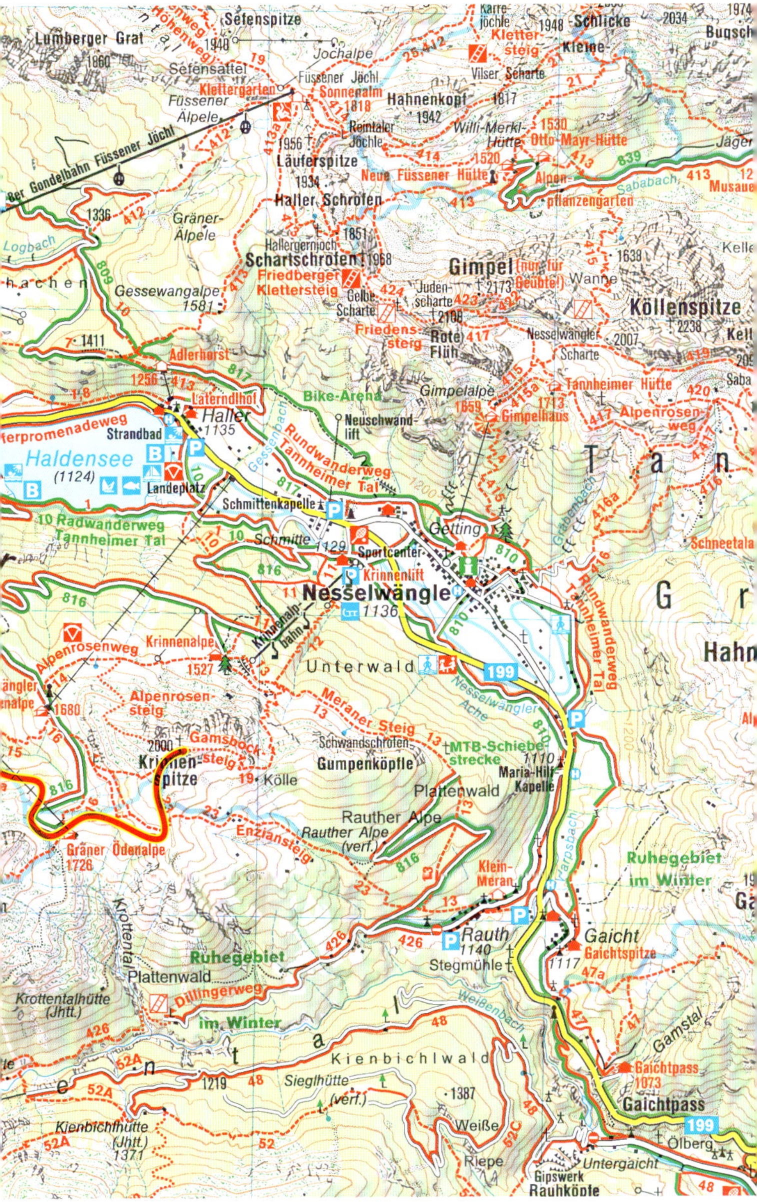
Sefenspitze
Lumberger Grat
Sefensattel
Klettergarten
Füssener Älpele
Füssener Jöchl
Jochalpe
Sonnenalm
1818
Hahnenkopf
1942
Reintaler Jöchle
Läuferspitze
Haller Schrofen
Neue Füssener Hütte
Karrejöchle
1948
Schlicke
2034
Klettersteig
Kleine
Vilser Scharte
1817
Willi-Merkl-Hütte
Otto-Mayr-Hütte
Alpenpflanzengarten
Sababach
Gondelbahn Füssener Jöchl
Gräner Älpele
Logbach
Gessewangalpe
1581
Hallergernjoch
1851
Scharte
Schartschrofen
1968
Friedberger Klettersteig
Gelbe Scharte
Judenscharte
2108
Gimpel
(nur für Geübte!)
2173
Wanne
1638
Köllenspitze
2238
Friedenssteig
Rote Flüh
Nesselwängler Scharte
2007
Adlerhorst
1411
1336
1256
Laterndlhof
Haller
1135
Bike-Arena
Gimpelalpe
1659
Gimpelhaus
1713
Tannheimer Hütte
Alpenrosenweg
Seepromenadeweg
Strandbad
Haldensee
(1124)
Landeplatz
Neuschwandlift
Rundwanderweg Tannheimer Tal
Gessenbach
Schmittenkapelle
Getting
Grabenbach
Schneetal
Radwanderweg Tannheimer Tal
Schmitte
1129
Sportcenter
Krinnenlift
Nesselwängle
1136
Krinnenalpbahn
Krinnenalpe
1527
Unterwald
Nesselwängler Ache
Rundwanderweg Tannheimer Tal
Alpenrosenweg
Alpenrosensteig
1680
Meraner Steig
Schwandschrofen
MTB-Schiebestrecke
Gamsbocksteig
2000
Krinnenspitze
Kölle
Gumpenköpfle
1110
Maria-Hilf-Kapelle
Plattenwald
Rauther Alpe
Rauther Alpe (verf.)
Enziansteig
Gräner Ödenalpe
1726
Kleinmeran
Ruhegebiet im Winter
Rauth
1140
Stegmühle
Gaicht
Gaichtspitze
1117
Krottental
Ruhegebiet
Plattenwald
Krottentalhütte (Jhtt.)
Dillingerweg
im Winter
Weißenbach
Gamstal
Kienbichlwald
Gaichtpass
1073
Gaichtpass
1219
Sieglhütte (verf.)
1387
Kienbichlhütte (Jhtt.)
1371
Weiße
Riepe
Untergaicht
Gipswerk
Rauhköpfe
Ölberg
199

15. Schartschrofen, 1968 m

Klettersteig-Turnerei mit Haldensee-Tiefblick

Ausgangspunkt: Nesselwängle/Haller, Bushaltestelle am westlichen Ortseingang, 1135 m; Parkplatz am östlichen Ortsrand
Charakter: Für den nicht ganz einfachen, ausgesetzten Friedberger Klettersteig (I+) in etwas brüchigem Fels ist Trittsicherheit, Schwindelfreiheit und alpine Erfahrung sowie die Benützung von Klettergurt und Steinschlaghelm Voraussetzung. Längere steile Auf- und Abstiege. Gut bezeichnete Steige und Pfade. Nicht bei Nässe oder Gewittertendenz! | **Einkehr:** Berggasthaus Adlerhorst | **Karte:** KOMPASS Nr. 4

Schwer | 9 km | 984 hm / 984 hm | 5,25 Std.

Der gezwungenermaßen etwas umständliche Anstieg zu unserem Eisenweg im Tannheimer Hauptkamm beginnt am westlichen Ortsrand von **Haller**.

Wir achten bei der Kapelle im Dorf auf den Wegweiser zum **Berggasthaus Adlerhorst**, das wir auf dem sogenannten Waldweg erreichen, einem breiten Steig. Die heimelige Einkehr macht ihrem Namen alle Ehre. Dort folgen wir dem Wanderweg Richtung Füssener Jöchl, der an der Kreuzung auf einer Anhöhe in einen Pfad wechselt. Durch Wald geht es in angenehmer Steigung zu der auf einer Lichtung auftauchenden **Gessewangalpe**. Beherrschendes Gipfelpaar sind die Rote Flüh und der Gilmenkopf. Ab der Einsattelung hinter einem Waldflecken wandert man über einen schmalen Rücken. An einer Gabelung zweigt man von der gewohnten Route auf den Steig Richtung Schartschrofen ab. Dieser überwindet in einer Schleife den deutlich ansteigenden Latschenhang ins **Hallergernjoch**.

Nach dem Steilabstieg in Pfadkehren durch eine Grasmulde Richtung Otto-Mayr-Hütte zweigen wir an der Routenteilung über dem hintersten Raintal rechts ab und umgehen die Ostabstürze des Schartschrofens. Auf einem zuletzt in anstrengenden, abschüssigen Serpentinen einen unangenehmen Schutthang überlistenden Steig gewinnen wir am Westgratansatz der Roten Flüh die **Gelbe Scharte**.

Hier beginnt nun der respekteinflößend steile, rund 70 m hohe

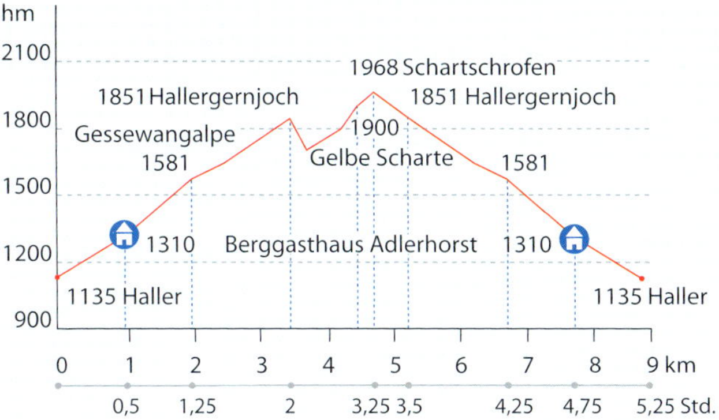

Friedberger Klettersteig (I+) mit einem etwa 200 m langen Drahtseil und einem traumhaftem Haldensee-Tiefblick.

Auf und etwas neben dem anregend ausgesetzten Schrofengrat turnt man, stets auf brüchige Partien achtend, zu einer reizvollen Rinne empor, die allerdings auch schon wieder das Finale der ganzen Via Ferrata darstellt. Vom **Schartschrofen** steigt man dann über die Rasenpolster des Nordwestrückens, später zwischen Latschen hinunter ins **Hallergernjoch**, wo man den bekannten Kurs nach **Haller** aufnimmt.

Hinter dem Hallergernjoch erhebt sich die Läuferspitze.

KOMPASS

0 500 m

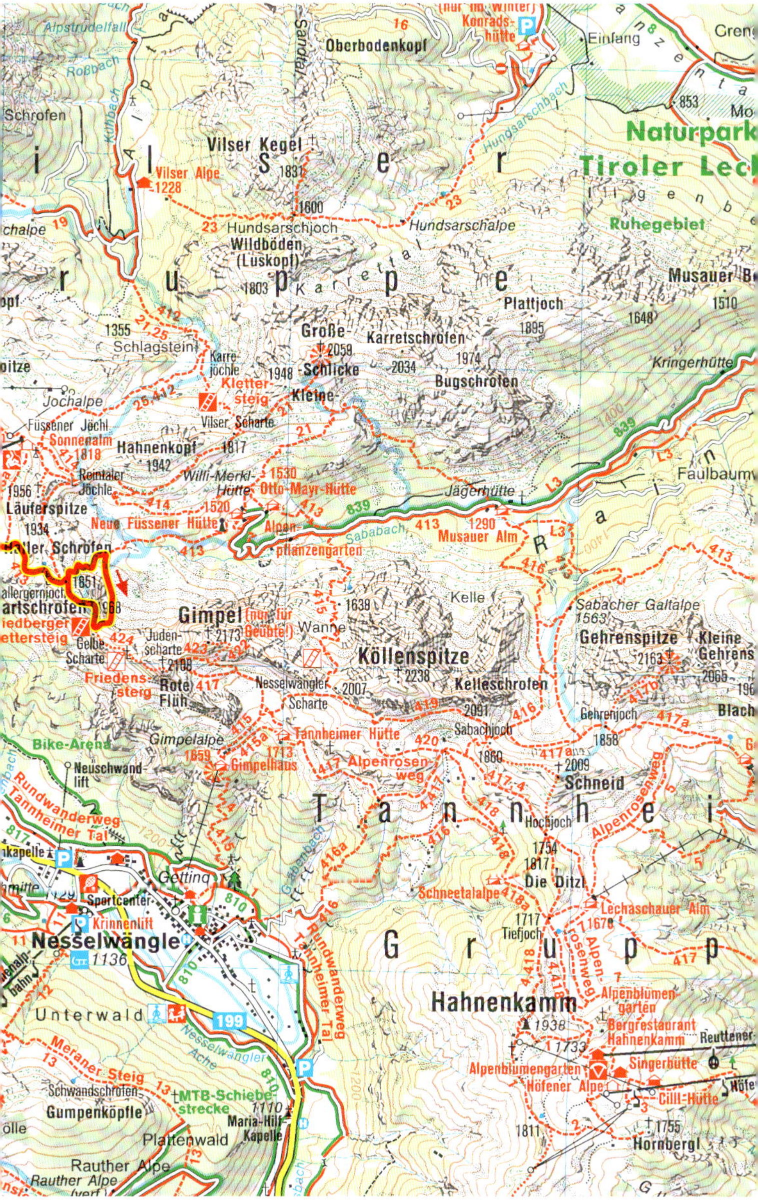
Alpstrudelfall
Roßbach
Oberbodenkopf
Konrads-hütte
(nur im Winter)
Einfang
Schrofen
Vilser Kegel
1831
Vilser Alpe
1228
Hundsarschbach
Naturpark
Tiroler Lech
Ruhegebiet
1600
Hundsarschjoch
Hundsarschalpe
Wildböden
(Luskopf)
1803
Karrettal
Musauer
Plattjoch
1895
1648
1510
1355
Schlagstein
Karre-jöchle
Große
2059
Schlicke
Karretschrofen
1974
2034
Bugschrofen
Kringerhütte
1948
Kleine
Jochalpe
Kletter-steig
Vilser Scharte
Füssener Jöchl
Sonnenalm
1818
Hahnenkopf
1817
1942
Faulbaum
Reintaler Jöchle
Willi-Merkl-Hütte
1530
Otto-Mayr-Hütte
Jägerhütte
1956
Läuferspitze
1934
1520
Neue Füssener Hütte
Alpen-pflanzengarten
Sababach
1290
Musauer Alm
Haller Schrofen
1851
Gimpel
(nur für Geübte!)
1639
Wanne
Kelle
Sabacher Galtalpe
1563
Friedberger Klettersteig
Gelbe Scharte
Juden-scharte
2173
2108
Köllenspitze
2238
Gehrenspitze
2163
Kleine Gehrenspitze
2065
Friedens-steig
Rote Flüh
Nesselwängler Scharte
2007
Kelleschrofen
2091
Gehrenjoch
1858
Blach
Bike-Arena
Gimpelalpe
1659
1713
Gimpelhaus
Tannheimer Hütte
Sabachjoch
1860
2009
Schneid
Neuschwand-lift
Alpenrosen-weg
Alpenrosenweg
Rundwanderweg Tannheimer Tal
Tannheimer Gruppe
Hochjoch
1754
1817
Die Ditzl
Getting
Gräbenbach
Sportcenter
Schneetalalpe
Lechaschauer Alm
Krinnenlift
1717
Tiefjoch
1670
Nesselwängle
1136
Hahnenkamm
Alpenblumen-garten
Unterwald
Bergrestaurant Hahnenkamm
1938
1733
Reuttener
Nesselwängler Ache
Meraner Steig
Singerhütte
Alpenblumengarten
Höfener Alpe
Cilli-Hütte
Schwandschrofen
MTB-Schiebe-strecke
Gumpenköpfle
1110
Maria-Hilf-Kapelle
1811
1755
Hornbergl
Plattenwald
Rauther Alpe
(verf.)

16. Rote Flüh, 2108 m

Anziehender Felsgipfel im Reich der höchsten Tannheimer

Ausgangspunkt: Nesselwängle, Bushaltestelle (Parkplatz) am westlichen Dorfrand, im Ortsteil Schmitte, 1136 m | **Charakter:** Lange anstrengende Aufstiege, bestens bezeichnete Steige, anfangs Wirtschaftswege, einfache Kletterpassagen sind zum Teil mit Drahtseil entschärft, Trittsicherheit und bei Nässe Achtsamkeit notwendig | **Einkehr:** Gimpelhaus, Tannheimer Hütte | **Karte:** KOMPASS Nr. 4

Mittel | 10 km | 972 hm / 972 hm | 5,5 Std.

Weithin leuchten die Wandfluchten der vier namhaften Tannheimer Kalkzinnen östlich des Haldensees, von denen nur die Rote Flüh ohne größeres Zupacken zu gewinnen ist.

Am westlichen Dorfrand von **Nesselwängle** halten wir uns ab dem Wanderparkplatz unter der völlig abweisenden Südwand unseres Gipfelziels an das zu Beginn steigende Anliegersträßchen Richtung Gimpelhaus. Nach einem gezähmten Wildbach lenkt der Hüttenwegweiser auf einen Pfad. Es folgt ein Forstwegstück, bevor wir auf einem Steig im Jungwald untertauchen.

Wenig später treibt uns eine nicht enden wollende Himmelstreppe den Schweiß aus allen Poren. Zu Füßen der Hochwieslerwand entschädigt die Aussicht vom exponiert stehenden **Gimpelhaus** auf den charmanten Haldensee und in die Lechtaler Alpen für die ausgestandene Mühsal. Auf dem unteren, nur mehr leicht steigenden Wanderweg quert man in Kürze hinüber zur heimeligen **Tannheimer Hütte**, wo wir uns die verdiente Stärkung schmecken lassen.

Wieder auf einem Steig streben wir anschließend einer Hochwanne entgegen, wo die direkte Aufstiegsroute einmündet. Erst noch angenehm steigendes Grasgelände unter den Sohlen, geht es auf den kühn geschnittenen Gimpel zu. Dann haben wir, unter uns das Gimpelkar und über uns eine öde Geröllflanke, zur **Judenscharte** in engen Kehren ein Steilstück zu meistern.

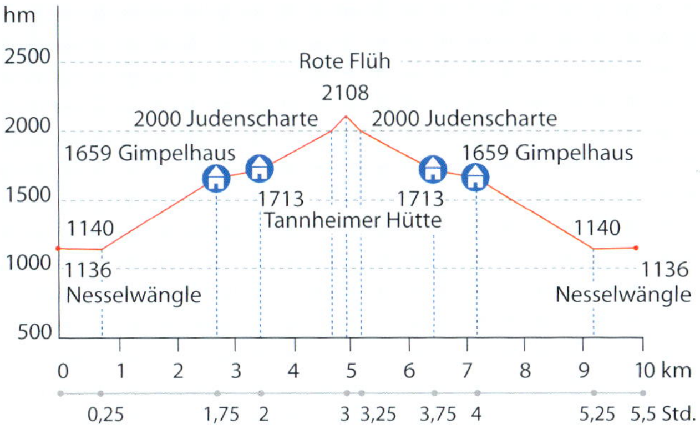

Das Überwinden der nun hinter einer Ecke ansetzenden, auf den ersten Blick etwas abschreckenden Felspartie wird durch zwei parallel laufende Drahtseile und angelegte Tritthilfen erleichtert.

Für die folgende schrofige, einfachste Kletterei erfordernde Rinne ist besonders bei Nässe Achtsamkeit angesagt.

Schließlich überrascht die **Rote Flüh** mit einem Graskopf.

Unter dem scharf geschnittenen Gimpel lockt die urige Tannheimer Hütte zur Einkehr.

Seebach
Vilser Jöchl
Seebenalpe
1718
Jhtt.
Gräner Höhenweg
Tannheimer Höhenweg
Seichenkopf
1948
Sebenkopf
Sebenspitze
1864
Sefenspitze
Lumberger Grat
1948
1860
Sefensattel
Klettergarten
Füssener Älpele
1956
Läufers
1934
Rappenschrofen
1110
Enge
1210
1551
Ruhegebiet
Moosalpe
im Winter
Bergblick
Lumberg
Hinteregg
Jhtt.
Gondelbahn Füssener Jöchl
Vaterunserweg
Lumberger Hof
Sonnleiten
1154
Neugrän
1336
Gräner-Älpele
1203
Logbach
Schartschr
Innergschwend
Sonnenhof
Engel
Schachen
Gessewangalpe
1581
Gräner Ache
Gran
1138
Schachenlifte
Kneippbrunnen
1411
Adlerhorst
199
Berger Ache
1108
Rundwanderweg Tannheimer Tal
Sägewerk
Schaukäserei
1256
Laterndlhof
Haller
1135
Windblesse
Hubertushütte
1486
nur Sommer
Haldensee
1130
Uferpromenadeweg
Strandbad
Haldensee
(1124)
Neunerköpflebahn
Rotflüh
Landeplatz
Schmittenkapelle
10 Radwanderweg Tannheimer Tal
Schmitte
Gundhütte
1784
Schnetterer
Neunerköpfle
1864
Usseralpergunt
1312
1882
Vogelhörnle
Alpenrosenweg
Krinnenalpe
1527
Krinnenalpbahn
Usseralpe
1633
Edenbachalpe
1405
Nesselwängler Ödenalpe
1680
Alpenrosensteig
2000
Gamsbocksteig
Krinnenspitze
Kölle
Obere Strindenalpe
Untere Strindenalpe
Strindenbach
1682
Saalfelder Höhenweg
Gräner Ödenalpe
1726
Enziansteig
2068
Litnisschrofen
Krottental
1956
2084
1870
Strindenscharte
Ruhegebiet
Plattenwald
Dillingerweg
im Winter
1939
Krottentalhütte (Jhtt.)
Birkentaler Jägerhütte
Höflishütte

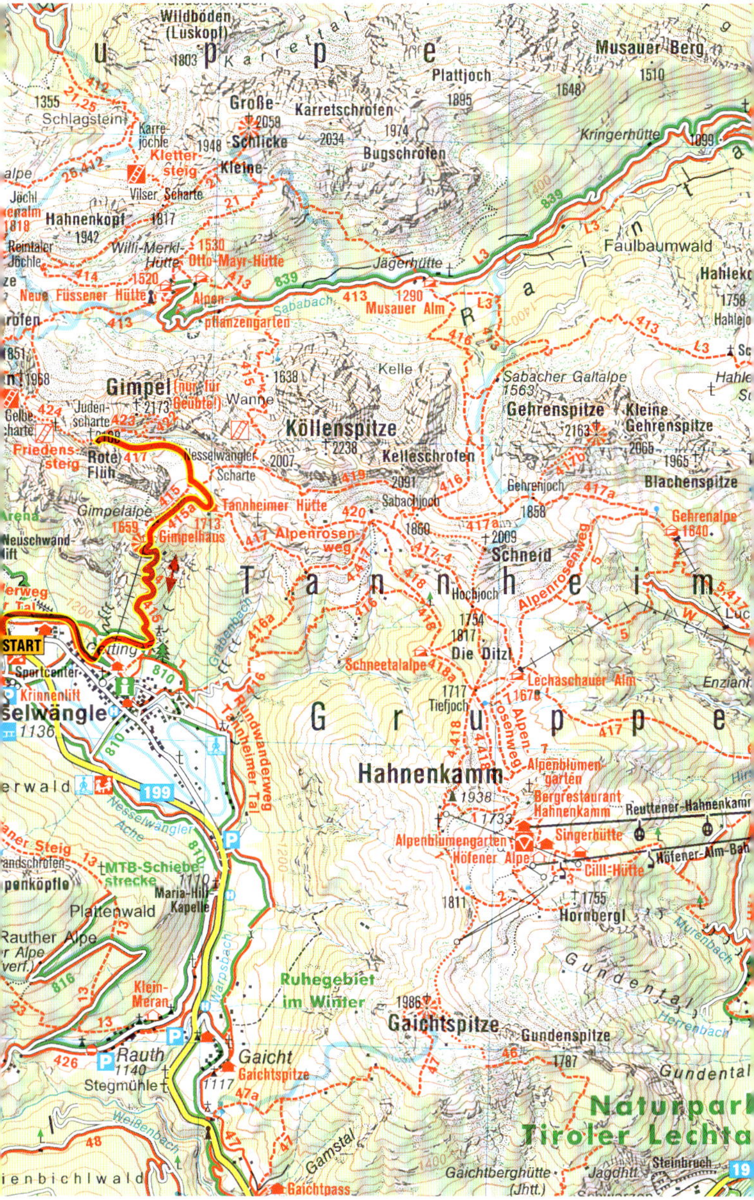
Wildböden (Luskopf)
Karretal
Musauer Berg
Plattjoch
Schlagstein
Große Schlicke
Karretschrofen
Kringerhütte
Karrejöchle
Klettersteig
Kleine
Bugschrofen
Vilser Scharte
Hahnenkopf
Faulbaumwald
Willi-Merkl-Hütte
Otto-Mayr-Hütte
Jägerhütte
Neue Füssener Hütte
Alpenpflanzengarten
Sababach
Musauer Alm
Kelle
Sabacher Galtalpe
Gimpel (nur für Geübte!)
Wanne
Judenscharte
Gehrenspitze
Kleine Gehrenspitze
Köllenspitze
Friedenssteig
Rote Flüh
Nesselwängler Scharte
Kelleschrofen
Gehrenjoch
Blachenspitze
Gimpelalpe
Tannheimer Hütte
Sabachjoch
Gehrenalpe
Gimpelhaus
Alpenrosenweg
Schneid
Tannheim
Hochjoch
START
Sportcenter
Krinnenlift
Nesselwängle
Schneetalalpe
Die Ditzl
Lechaschauer Alm
Tiefjoch
Gruppe
Rundwanderweg Tannheimer Tal
Hahnenkamm
Alpenblumengarten
Bergrestaurant Hahnenkamm
Reuttener-Hahnenkamm
Singerhütte
Höfener Alpe
Höfener-Alm-Bahn
Cilli-Hütte
MTB-Schiebestrecke
Maria-Hilf-Kapelle
Plattenwald
Rauther Alpe
Hornbergl
Gundental
Klein-Meran
Ruhegebiet im Winter
Gaichtspitze
Gundenspitze
Rauth
Gaicht
Stegmühle
Naturpark Tiroler Lechtal
Gamstal
Gaichtberghütte (Jhtt.)
Jagdhtt.
Steinbruch
Gaichtpass

17. Litnisschrofen, 2068 m

Kalkburg zwischen Strindental und Birkental

Ausgangspunkt: Nesselwängle, Bushaltestelle direkt beim Liftparkplatz Krinnenalpe, am westlichen Ortsrand, 1136 m
Charakter: Für den gesicherten Gipfel mit kleiner Kletterei (I) in festem Fels ist Trittsicherheit und Übung erforderlich. Kurzer steiler Aufstieg. Gut bezeichnete Alpwege und Steige | **Einkehr:** Nesselwängler Ödenalpe, Gräner Ödenalpe, Krinnenalpe
Karte: KOMPASS Nr. 4

Schwer | 19 km | 932 hm 932 hm | 6,25 Std.

Am westlichen Ortsrand von **Nesselwängle** machen wir uns auf den überwiegend gemütlichen Weg zu diesem stillen Zweitausender.

Die Tafel „Edenalpe" weist auf einen Alpweg, der sich durch einen mit Weidebetrieb belebten Wald emporschraubt. Auf der anderen Talseite imponiert die leuchtende Südwand der Roten Flüh. Unter der Doppelsesselbahn hindurch wandernd, rücken auch die anderen Tannheimer Zinnen mit ihren scharfen Graten ins Blickfeld.

An der Wegteilung unter der Krinnenspitze richten wir uns beim Almbodenlift nach der Beschilderung „Ödenalpe über Forstweg". Nach kleinem Höhenverlust über dem Haldensee setzen noch ein paar erholsame Windungen an. Bald öffnet sich das Strindental mit dem Litnisschrofen-Ostgrat und der Sulzspitze. Wenig später trifft man bei der **Nesselwängler Ödenalpe** (auch Edenalp) ein.

Nun geht's flach hinein in die Alpwanne unter den Ostabstürzen des gegliederten Litnischrofens. Eine letzte Kurve und man erreicht einen Sattel, von dem ein kaum nennenswerter Abstieg zur überraschend gut bewirtschafteten **Gräner Ödenalpe** leitet.

Nach behaglicher Hüttenbrotzeit gehen wir ein kleines Stück zurück und schwenken auf den Steig zum Litnisschrofen ab. Über lichte Latschenhänge bergan wandernd, gewinnt man hoch über dem Birkental eine herrliche Schau in die Lechtaler Alpen. Über Grasgelände und schmale Schuttströme wird das Bergziel südseitig umgangen. Anschließend hat man die Wahl zwischen zwei je-

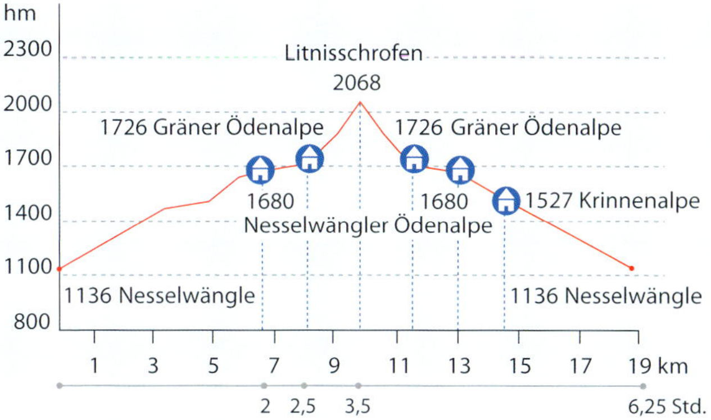

weils mit Eisenketten gesicherten Gipfelrouten. Links eine unangenehm bröselige und abgeschabte Rinne mit schlechten Tritten, rechts wesentlich schöner: gut gestufter Fels, eine zuverlässige Angelegenheit. Beide Möglichkeiten fordern leichte Kletterei (I) und Trittsicherheit. Das letzte Stück auf den Litnisschrofen benützt man den obersten Westgrat. Für den Rückweg von der **Nesselwängler Ödenalpe** wählen wir den Alpenrosenweg zur **Krinnenalpe**, einen alten Ziehweg über Weidehänge. Bald nach der Einkehr stoßen wir auf die Anfangsetappe von **Nesselwängle**.

Durch die Krummholzzone streben die Bergsteiger dem Litnisschrofen zu.

im Winter
Berger Berg
1356
Hinteregg
Rundwanderweg Tannheimer Tal
Vaterunserweg
Bergblick
Lumberg
Lumberger Hof
Drei-Täler-Radrundweg
Sonnleiten
Berg
Neugrän
Innergschwend
Berger Ache
Sonnenhof
Logbach
Schachen
Engel
Grän
1138
Schachenlifte
Kneippbrunnen
Berger Ache
Schaukäserei
199
Rundwanderweg Tannheimer Tal
Sägewerk
Windblesse
Hubertushütte 1486 nur Sommer
Haldensee
1130
Uferpromenade
Halden
(1124)
Bogen
Schmieden
Vogelhorn-Bahn (Ber Gondelbahn)
Neunerköpflebahn
Rotflüh
Usseralpbach
Kesselbach
Gundhütte 1784
Schnetterer
Neunerköpfle
1864
Usseralpergunt
1882
Vogelhörnle
1127
1312
Alpenrose
Schottergrube
Usseralpe 1633
1790
Edenbachalpe 1405
Nesselwängle Ödenalpe
1680
Lochgehrenkopf
Obere Strindenalpe
Untere Strindenalpe
Strindenbach
1682
Gappenfeldbach
Vilsalpsee
Saalfelder Höhenweg
Gräner
1726
Litnisschrofen
1956
Sulzspitze
2084
1870
Strindenscharte
Blässe
1961
Traualpe
Gappenfeldalpe
1860
1939
Gappenfeldscharte
Krottentalhütte (Jhtt.)
Birkentaler Jägerhütte (verf.)
Höflishütte
1184
Weißenbach
Dillinger Weg
2069
Schochenspitze
1649 Obere Traualpe
Traualpsee
(1630)
Jhtt. 1395
Klenbic
(1770)
1915

0 500 m

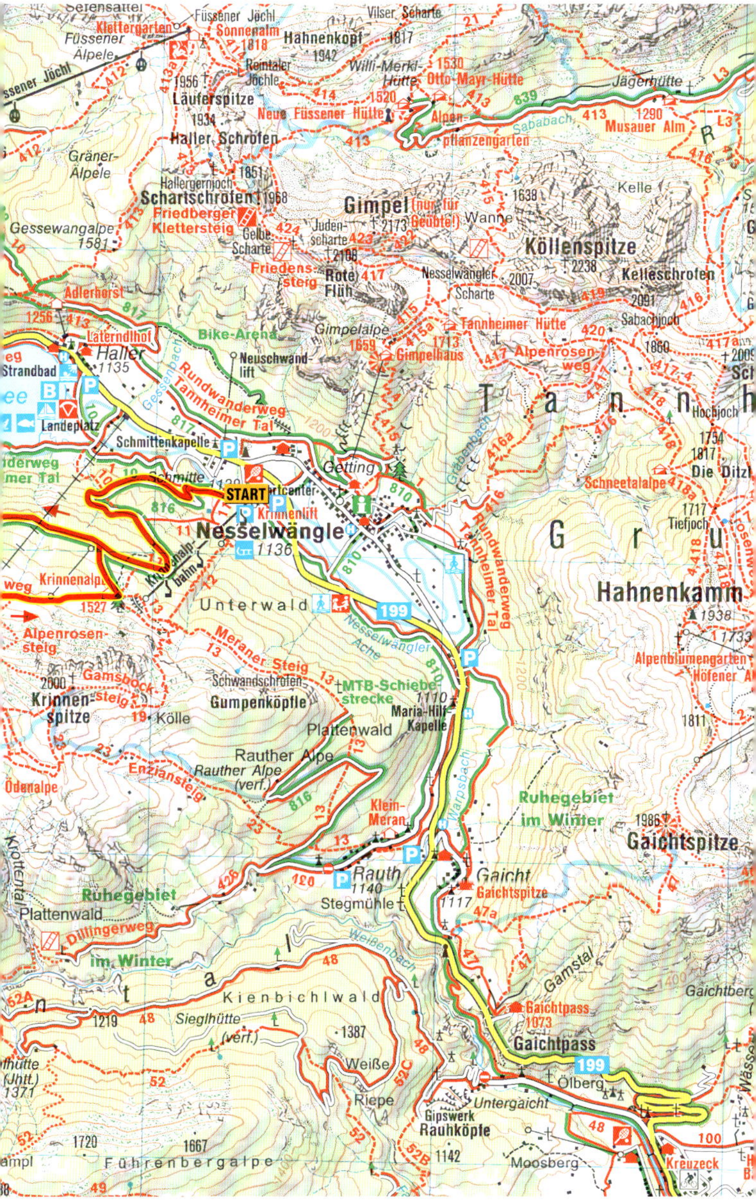

Füssener Jöchl
Klettergarten
Sonnenalm
1818
Hahnenkopf
1942
Vilser Scharte
1817
Füssener Älpele
Reintaler Jöchle
Willi-Merkl-Hütte
1530
Otto-Mayr-Hütte
Jägerhütte
1956
Läuferspitze
1934
Neue Füssener Hütte
1520
Alpenpflanzengarten
Sababach
Musauer Alm
1290
Haller Schrofen
Gräner-Älpele
1851
Hallergernjoch
Schartschrofen
1968
Friedberger Klettersteig
Gimpel
(nur für Geübte!)
2173
Wanne
1638
Kelle
Köllenspitze
2238
Kelleschrofen
Gessewangalpe
1581
Gelbe Scharte
Judenscharte
2108
Friedenssteig
Rote Flüh
Nesselwängler Scharte
2007
2091
Sabachjoch
Adlerhorst
1256
Bike-Arena
Gimpelalpe
1659
1713
Tannheimer Hütte
Gimpelhaus
Alpenrosenweg
1860
Laterndlhof
Haller
1135
Strandbad
Neuschwandlift
Rundwanderweg Tannheimer Tal
Gessenbach
Landeplatz
Schmittenkapelle
Getting
Gräbenbach
Tannheimer
Hochjoch
1754
1817
Die Ditzl
Schneetalalpe
Schmitte
START
Krinnenlift
Nesselwängle
1136
1717
Tiefjoch
Krinnenalpe
1527
Krinnenalpbahn
Unterwald
Nesselwängler Ache
Hahnenkamm
1938
1733
Alpenrosensteig
Meraner Steig
Schwandschrofen
MTB-Schiebestrecke
1110
Maria-Hilf-Kapelle
Alpenblumengarten Höfener Alpe
2000
Gamsbocksteig
Krinnenspitze
Gumpenköpfle
Kölle
1811
Plattenwald
Rauther Alpe
Rauther Alpe (verf.)
Enziansteig
Ödenalpe
Klein-Meran
Warpsbach
Ruhegebiet im Winter
1986
Gaichtspitze
Rauth
1140
Stegmühle
Gaicht
1117
Gaichtspitze
Krottental
Ruhegebiet
Plattenwald
Dillingerweg
im Winter
Weißenbach
Gamstal
Gaichtberg
Kienbichlwald
Gaichtpass
1073
1219
Sieglhütte (verf.)
1387
Gaichtpass
Weiße
Ölberg
Riepe
Untergaicht
Gipswerk
Rauhköpfe
1720
1667
1142
Moosberg
Kreuzeck
Führenbergalpe

18. Schneetalalpe, 1640 m

In der wilden Nordostecke der Allgäuer Alpen

Ausgangspunkt: Nesselwängle, Bushaltestelle am Gasthof Köllenspitze, 1136 m; Liftparkplatz Krinnenalpe | **Charakter:** Längere steile Startetappe. Ausreichend bezeichnete Steige, am Anfang Ziehweg | **Einkehr:** Schneetalalpe | **Karte:** KOMPASS Nr. 4

Leicht | 6,5 km | 504 hm / 504 hm | 3,25 Std.

Die Köllenspitze, der Babylonische Turm und der Kelleschrofen wetteifern über dem östlichen Tannheimer Tal mit einem Formenreigen, der seinesgleichen sucht: bizarr, jäh abstürzend, kantig, unnahbar – einfach majestätisch.

Eine der rühmenswertesten Betrachtungsbühnen für dieses einprägsame Kleeblatt ist die liebenswerte, nur auf einem einsamen Steig zugängliche Schneetalalpe.

Vom Gasthof Köllenspitze in **Nesselwängle** führt ein Gehsteig an der Bank und der Bäckerei vorbei. Anschließend folgen wir dem Sträßchen links des Grobenbachs zum Haus Alpin mit Kapelle. Der Richtungszeiger „Schneetal Alm" weist auf einen Ziehweg, der in Kehren durch aufgelockerten Jungwald auf die Südwand der Kellespitze zuhält. Dieser wechselt später in einen Steig.

Wo der Aufstieg zur Tannheimer Hütte von unserem Kurs abzweigt, verdichtet sich der Wald. Die nun deutlich angenehmere Steigung lässt uns aufatmen. Plötzlich steht man gebannt vor dem schneidigen Felsobelisk mit dem befremdenden Namen Babylonischer Turm. Östlich davon beeindruckt der Kelleschrofen, aus leuchtendem Wettersteinkalk gemauert, einem exzellenten Klettergestein. Zur Linken lässt der Teufelsgrat zur Köllenspitze erfahrene Felsgeher mit Vorliebe für exponierte Gratschneiden ins Schwärmen geraten.

Beruhigt, dass uns solche Eskapaden erspart bleiben, überschreiten wir im Bereich von Lichtungen den Graben des Kressebachs. Nach einer kleinen Jagdhütte bummeln wir durch einen letzten Waldflecken und queren einen weiteren Graben. Jetzt ist es nur noch ein Katzensprung zur bereits sichtbaren **Schneetalalpe**, die auf einem freien Geländeabsatz zwischen der Schneidspitze und dem Hahnenkamm mit seiner Antennenanlage

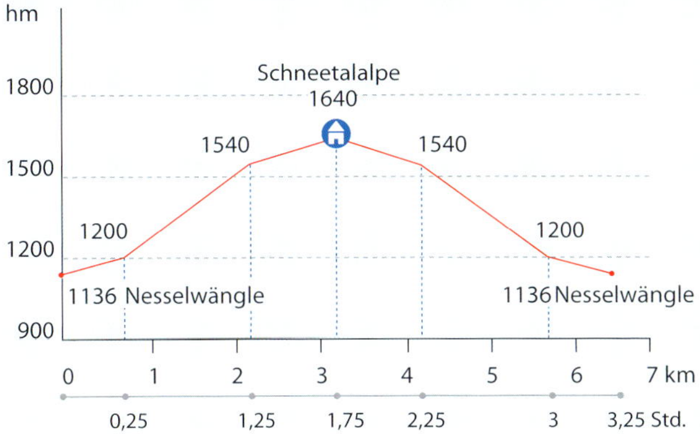

zu einer einfachen Stärkung einlädt.

In aller Seelenruhe lässt man das Auge über das Tannheimer Tal schweifen, das südlich von den Vilsalpseebergen und gegenüber von den einzigartigen Rang-und-Namen-Gestalten des Tannheimer Hauptkamms flankiert wird.

Über dem Lechtal grüßen die verschwiegenen Gesellen der Hornbachkette.

Teufelsgrat, Babylonischer Turm und Kelleschrofen vom Aufstieg zur Schneetalalpe.

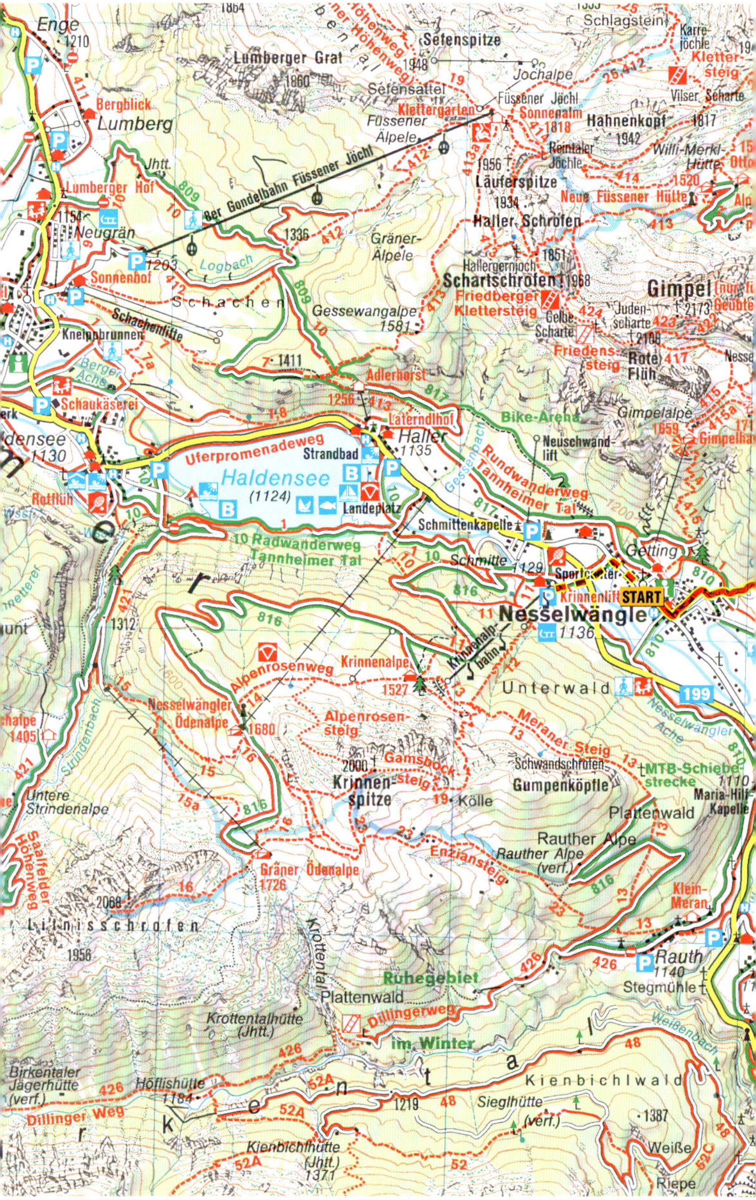
Enge
Lumberger Grat
Sefenspitze
Schlagstein
Lumberg
Bergblick
Sefensattel
Klettergarten
Füssener Jöchl
Sonnenalm
Hahnenkopf
Jochalpe
Vilser Scharte
Klettersteig
Füssener Älpele
Reintaler Jöchle
Willi-Merkl-Hütte
Läuferspitze
Lumberger Hof
Neue Füssener Hütte
Neugrän
Bergbahn Füssener Jöchl
Haller Schrofen
Gräner-Älpele
Logbach
Sonnenhof
Hallergernjoch
Schartschrofen
Gimpel
Friedberger Klettersteig
Judenscharte
Gelbe Scharte
Schachen
Gessewangalpe
Schachenlifte
Kneippbrunnen
Friedenssteig
Rote Flüh
Berger Ache
Adlerhorst
Schaukäserei
Laterndlhof
Bike-Arena
Gimpelalpe
Haller
Neuschwand-lift
Uferpromenadeweg
Strandbad
Haldensee
Landeplatz
Rundwanderweg Tannheimer Tal
Schmittenkapelle
Radwanderweg Tannheimer Tal
Getting
Schmitte
Sportcenter
Krinnenlift
START
Nesselwängle
Krinnenalpbahn
Alpenrosenweg
Krinnenalpe
Unterwald
Nesselwängler Ödenalpe
Alpenrosensteig
Meraner Steig
Nesselwängler Ache
Strindenbach
Gamsbocksteig
Schwandschrofen
MTB-Schiebestrecke
Krinnenspitze
Gumpenköpfle
Kölle
Maria-Hilf-Kapelle
Plattenwald
Untere Strindenalpe
Saalfelder Höhenweg
Rauther Alpe
Rauther Alpe (verf.)
Gräner Ödenalpe
Enziansteig
Klein-Meran
Litnisschrofen
Krottental
Rauth
Stegmühle
Ruhegebiet im Winter
Plattenwald
Krottentalhütte (Jhtt.)
Dillingerweg
Weißenbach
Birkentaler Jägerhütte (verf.)
Höflishütte
Kienbichlwald
Sieglhütte (verf.)
Dillinger Weg
Kienbichlhütte (Jhtt.)
Weiße
Riepe

Karretschrofen
Schlicke
Bugschrofen
Kringerhütte
Bärenfalle
Faulbaumwald
Mayr-Hütte
Jägerhütte
Hahlekopf
Musauer Alm
Hahlejoch
Schallerkapelle
Kelle
Sabacher Galtalpe
Hahlealpe
Sulztaler Hütte
Gehrenspitze
Kleine Gehrenspitze
Köllenspitze
Kelleschrofen
Kostarieskapelle
Turejöchle
Gehrenjoch
Blachenspitze
Feuerkopf
Schrofenwald
Tannheimer Hütte
Sabachjoch
Gehrenalpe
Alpenrosenweg
Schneid
Tannheimer
Hochjoch
Die Lein
Luchseris
Wängler Höhenweg
Die Ditzl
Schneetalalpe
Lechaschauer Alm
Enzianhütte
Winkl
Tiefjoch
Gruppe
Alpenroseweg
Rundwanderweg Tannheimer Tal
Talhof
Alpenblumengarten
Holz
Hahnenkamm
Bergrestaurant Hahnenkamm
Reuttener-Hahnenkammbahn
Diana
Singerhütte
Höfener Alpe
Höfener-Alm-Bahn
Hochmahberg
Cilli-Hütte
Höfen
Hornbergl
Höfener Höhenweg
Unter-
Gundental
Ruhegebiet im Winter
Gaichtspitze
Gundenspitze
Hornberg
Gaicht
Ober-
Naturpark Tiroler Lechtal
Gamstal
Gaichtberghütte (Jhtt.)
Steinbruch
Jagdhütte
Schwarzenberg
Gaichtpass 1073
Gaichtpass
Fischteich
Schotterwerk
Ölberg
Untergaicht
Laufstrecke

19. Gehrenspitze, 2163 m

Wohlgeformter Eckpfeiler der Tannheimer Berge

Ausgangspunkt: Nesselwängle, Bushaltestelle am Gasthof Köllenspitze, 1136 m; Liftparkplatz Krinnenalpe | **Charakter:** Lange Steilaufstiege. Mitunter sparsam markierte und ausgesetzte Steige, anfangs Ziehweg. Nur für erfahrene Bergwanderer; leichte Kletterei (I), zum Teil über Geröllstufen, erfordert Trittsicherheit und Schwindelfreiheit. Vorsicht bei Nässe! | **Einkehr:** Unterwegs keine | **Karte:** KOMPASS Nr. 4

Schwer | 12,5 km | 1027 hm / 1027 hm | 7 Std.

Beiderseits mit schneidigen Trabanten besetzt und in exzellenten Kletterfels gehüllt tritt die Gehrenspitze selbstbewusst in Erscheinung.

Vom Gasthof Köllenspitze in **Nesselwängle** gehen wir an der Bank und der Bäckerei vorbei. Anschließend folgen wir dem Sträßchen links des Gräbenbachs zum Haus Alpin.

Die Tafel „Schneetal Alm“ weist auf einen Ziehweg, der in Kehren durch Jungwald auf die Kellespitze zuhält. Dieser wechselt später in einen meist kräftezehrenden Steig. An einer Gabelung beachten wir das Schild „Tannheimer Hütte“ und steigen nun, den Gräbenbachtobel zur Linken, über einen Rücken zu zwei kleinen Jagdhütten an.

Bei der Bergzigeuner-Hütte schlagen wir den rechten erholsamen Kurs zur Weidemulde unter dem kantigen Babylonischen Turm und dem Kelleschrofen ein. Von dort ist es nicht mehr weit, abermals ostwärts haltend, hinauf ins **Sabachjoch**.

Die Etappe unter der finsteren Schneidspitze ins **Gehrenjoch** mit Zugspitzblick bringt einen Höhenverlust ein. Ein Schrofenaufbau wird ausgesetzt gequert. Eine Kletterstelle (I) an einer steilen Felsstufe testet unsere Schwindelfreiheit. Das nun ziemlich anstrengende Geschröf ist sehr sparsam markiert. Einer trittarmen Felsplatte in leichtem Abstieg begegne man mit Vorsicht. Noch eine Steilstufe, dann erfolgt eine kurze Querung nach rechts zur Südrinne.

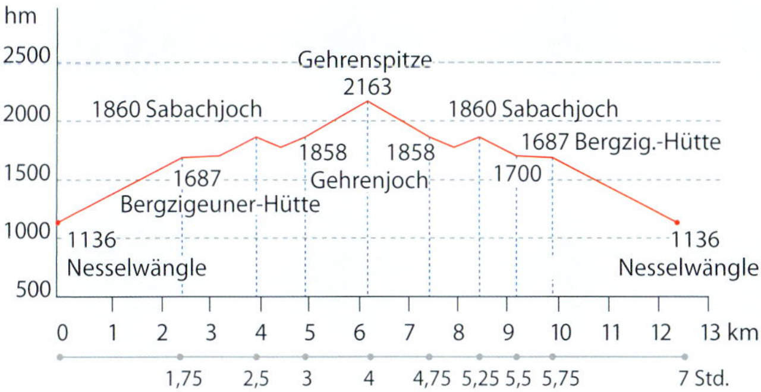

Wegen des Gerölls (Steinschlaggefahr!) ist behutsames Kraxeln (I) angesagt. Weiter oben verschmälert sich die Rinne unter zwei Mini-Felsnadeln. Durch eine Engstelle zwängen wir uns zur Scharte im Westgrat. Über gähnenden Abgründen erwartet uns soliderer Fels. Bei einer Gedenktafel achte man an einem abdrängenden Felsen auf die Bezeichnung. Bis auf die **Gehrenspitze** erfreut uns die überaus anregende Turnerei.

Stolzer Ostpfeiler der Tannheimer Berge: die anspruchsvolle Gehrenspitze.

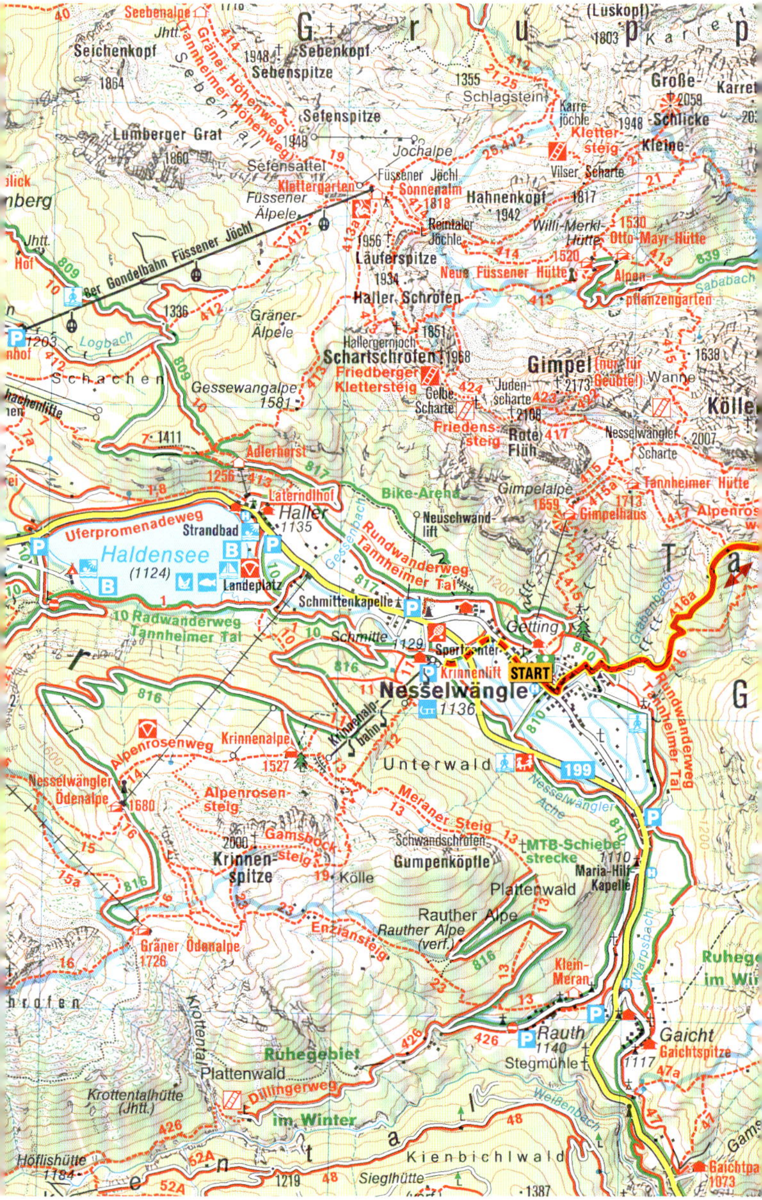
Seebenalpe
Seichenkopf
Sebenkopf
Sebenspitze
Gräner Höhenweg
Tannheimer Höhenweg
Sefenspitze
Lumberger Grat
Sefensattel
Füssener Älpele
Füssener Jöchl
Klettergarten
Sonnenalm
Jochalpe
Schlagstein
Karrejöchle
Klettersteig
Große Schlicke
Kleine
Vilser Scharte
Hahnenkopf
Willi-Merkl-Hütte
Otto-Mayr-Hütte
Reintaler Jöchle
Läuferspitze
Neue Füssener Hütte
Alpenpflanzengarten
Sababach
Haller Schrofen
Gondelbahn Füssener Jöchl
Gräner Älpele
Logbach
Schachen
Hallergernjoch
Scharschrofen
Friedberger Klettersteig
Gimpel (nur für Geübte)
Judenscharte
Gelbe Scharte
Gessewangalpe
Friedenssteig
Rote Flüh
Nesselwängler Scharte
Wanne
Kölle
Adlerhorst
Bike-Arena
Gimpelalpe
Tannheimer Hütte
Laterndlhof
Haller
Gimpelhaus
Alpenros
Uferpromenadeweg
Strandbad
Haldensee
(1124)
Neuschwandlift
Landeplatz
Rundwanderweg Tannheimer Tal
Schmittenkapelle
Radwanderweg Tannheimer Tal
Schmitte
Getting
Sportcenter
Krinnenlift
START
Nesselwängle
Krinnenalpbahn
Alpenrosenweg
Krinnenalpe
Unterwald
Nesselwängler Ödenalpe
Alpenrosensteig
Meraner Steig
Nesselwängler Ache
Gamsbocksteig
Schwandschrofen
MTB-Schiebestrecke
Krinnenspitze
Gumpenköpfle
Kölle
Maria-Hilf-Kapelle
Plattenwald
Rauther Alpe
Rauther Alpe (verf.)
Enziansteig
Gräner Ödenalpe
Klein-Meran
Warpsbach
Ruhegebiet im Winter
Krottental
Rauth
Gaicht
Gaichtspitze
Stegmühle
Plattenwald
Dillingerweg
Krottentalhütte (Jhtt.)
Weißenbach
Höflishütte
Kienbichlwald
Sieglhütte
Gaichtpass

0 500 m

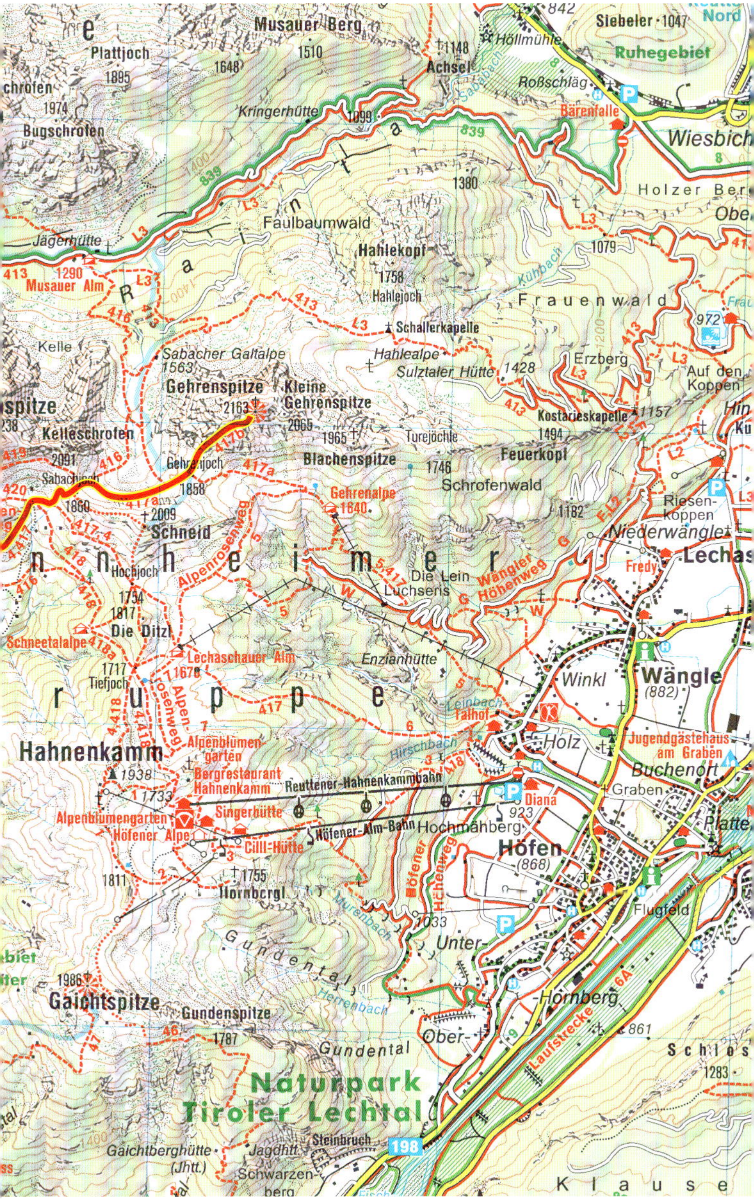
Musauer Berg
Plattjoch
1895
Bugschrofen
Kringerhütte
Achsel
Höllmühle
Siebeler 1047
Ruhegebiet
Roßschläg
Bärenfalle
Wiesbich
Holzer Berg
Faulbaumwald
Hahlekopf
1758
Hahlejoch
Frauenwald
Jägerhütte
Musauer Alm
Schallerkapelle
Kelle
Sabacher Galtalpe
1563
Hahlealpe
Sulztaler Hütte
1428
Erzberg
Auf den Koppen
Gehrenspitze
2163
Kleine Gehrenspitze
2065
Kostarieskapelle
1157
Kelleschrofen
Turejöchle
1494
Feuerkopf
Gehrenjoch
Blachenspitze
1746
Schrofenwald
Sabachjoch
Gehrenalpe
1640
Riesenkoppen
Schneid
2009
Niederwängle
Lechaschau
Fredy
Hochjoch
Alpenrosenweg
Die Lein
Luchsenis
Wängler Höhenweg
Die Ditzl
Schneetalalpe
Lechaschauer Alm
Enzianhütte
Winkl
Wängle
(882)
Tiefjoch
Alpenrosenweg
Leinbach
Talhof
Jugendgästehaus am Graben
Hahnenkamm
Alpenblumengarten
Hirschbach
Holz
Buchenort
1938
Bergrestaurant Hahnenkamm
Reuttener-Hahnenkammbahn
Graben
1733
Diana
923
Alpenblumengarten
Höfener Alpe
Singerhütte
Höfener-Alm-Bahn
Hochmahberg
Platte
Cilli-Hütte
Höfen
(868)
1811
1755
Hornbergl
Höfener Höhenweg
Flugfeld
Murenbach
1033
Unter-
Gundental
1986
Gaichtspitze
Gundenspitze
Herrenbach
Hornberg
1787
Ober-
Laufstrecke
861
Gundental
Schloss
1283
Naturpark Tiroler Lechtal
Gaichtberghütte (Jhtt.)
Jagdhtt.
Steinbruch
198
Schwarzenberg
Klause

20. Gaichtspitze, 1986 m

Individualistentour mit faszinierendem Gipfelpanorama

Ausgangspunkt: Weißenbach am Lech, Parkmöglichkeit in der ersten Linkskehre am Gaichtpass, 930 m | **Charakter:** Längere steile Aufstiege, dürftig markierter und abschnittsweise undeutlicher sowie gelegentlich ausgesetzter Steig, Trittsicherheit unerlässlich, bei Nässe nicht empfehlenswert | **Einkehr:** Keine (auch nicht am Ausgangspunkt!) | **Karte:** KOMPASS Nr. 4

Mittel | 10 km | 1056 hm / 1056 hm | 5,75 Std.

Bevor sich das Tannheimer Tal zum Lechtal hin öffnet, baut sich über dem Gaichtpass die Gaichtspitze auf. Der kürzeste Aufstieg führt von der Hahnenkammbahn her, der gewöhnliche Zugang beginnt im Weiler Gaicht und der längste, über die Südostflanke, fast unten in Weissenbach. Dies ist auch der geheimnisvollste: für Freunde stiller Pfadfinderei. Die Lechtal-Szenerie ergreift dabei immer wieder aufs Neue. Die Fernblicke von dem „Fast-Zweitausender" reichen bis ins Karwendel und in die nördlichen Stubaier Alpen.

In der ersten Linkskehre (vom Tannheimer Tal kommend in der untersten Rechtskehre) am **Gaichtpass** zeigt der Wegweiser „Gaichtspitze" auf einen undeutlichen Waldsteig durch einen hohlwegartigen Einschnitt. Für die wenigen und dazu schwachen Markierungen bedarf es eines wachsamen Auges. Bald schwenkt die Route, das kleine Wässertal querend, südöstlich ab. Wieder meist in gewohnter Richtung überwinden wir einen Rücken und kommen zur **Gaichtberghütte**.

Eine weitere Jagdhütte passierend, mühen wir uns noch lange Zeit wiederholt steil und über Schleifen durch den Hochwald empor zum Beginn der Latschenzone.

Unter der unscheinbaren Gundenspitze nimmt der einsame Aufstieg einen westlichen Kurs an. Beim gelegentlich ausgesetzten Queren der nun beginnenden Schotterhalden ist auf die Abstürze zu achten. Manche Passagen sind darüber hinaus mit unangenehmem Geröll bedeckt.

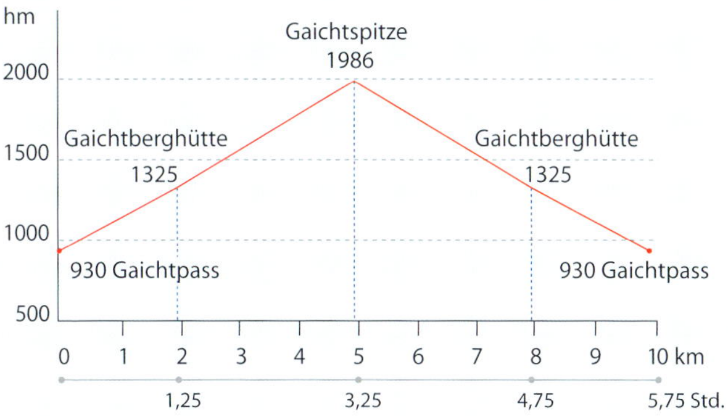

Endlich können wir die grasige Südflanke betreten und aufatmen. Fast – denn hier ist von einem Weg so gut wie nichts zu erkennen. Dafür gibt es ein klares Orientierungszeichen. Wir wandern rechts an einer nahe gelegenen dritten Jagdhütte vorbei und haben von der Einmündung des nordseitigen Aufstiegs nur noch wenige Minuten auf den grünen Gipfel der **Gaichtspitze**.

An der Einmündung des Tannheimer Tals ins Lechtal ragt links die bewaldete Gaichtspitze auf.

Haldensee
(1124)
Uferpromenadeweg
Strandbad
Landeplatz
Laterndlhof
Haller
1135
Bike-Arena
Gimpelalpe
1659
Gimpelhaus
1713
Neuschwand-lift
Rundwanderweg Tannheimer Tal
10 Radwanderweg Tannheimer Tal
Schmittenkapelle
Schmitte
1129
Sportcenter
Krinnenlift
Getting
Nesselwängle
1136
Krinnenalpbahn
Krinnenalpe
1527
Alpenrosenweg
Alpenrosensteig
Nesselwängler Ödenalpe
1680
Unterwald
Meraner Steig
Nesselwängler Ache
Gamsbocksteig
2000
Krinnenspitze
Kölle
Schwandschrofen
Gumpenköpfle
MTB-Schiebestrecke
1110
Maria-Hilf-Kapelle
Plattenwald
Rauther Alpe
Rauther Alpe (verf.)
Enziansteig
Gräner Ödenalpe
1726
Klein-Meran
Warpsbach
Ruhegebiet im Winter
Rauth
1140
Gaicht
Gaichtspitze
1117
Stegmühle
Krottental
Plattenwald
Ruhegebiet im Winter
Krottentalhütte (Jhtt.)
Dillingerweg
Weißenbach
Kienbichlwald
Gamstal
Gaichtpass
1073
Gaichtpass
1219
Sieglhütte (verf.)
1387
1184
Kienbichlhütte (Jhtt.)
1371
Weiße Riepe
Ölberg
Gipswerk
Untergaicht
Rauhköpfe
1142
Moosberg
1720
1667
Am Gampl
Führenbergalpe
1914
1680
Brunnwald
Fahlenbach
Stuibenbach
Führenberghütte (verf.)
Ruhegebiet Führenbergwald im Winter
Naturpark Tiroler Lechtal
Ruhegebiet im Winter
Dreibrunnen
Stuibenhütte
918
Lehnerwald
Schotterwerk
(Laufstrecke)
Baggersee
Kiesgewinnung
Johannesbrücke
Modellflugplatz
900
Weißenbach
Schwarzenbach
910
Hängebrücke
Rannwaldweg
KOMPASS
0 500 m